Salzburg
Salzburger Land

Die Stadt und ihr Bundesland: reich an Kultur und Natur

Liebe Leserin, lieber Leser,

das Salzburger Land verkörpert fast klischeehaft schön alles das, was sich der Flachlandbewohner unter einer Alpenlandschaft vorstellt: die hohen Gipfel des Nationalparks Hohe Tauern, barocke Städtchen und Gewässer wie den Fuschl- und Wolfgangsee, wo schon Kaiser Franz Joseph und Kanzler Kohl zu urlauben pflegten. Hugo von Hofmannsthal, Mitbegründer der Salzburger Festspiele, fasste es 1919 in einem treffenden Superlativ zusammen: „Das mittlere Europa hat keinen schöneren Raum und hier musste Mozart geboren werden."

Mozart und dem barocken, dem fürstlichen Salzburg widmet MERIAN zum 250. Geburtstag des Musikgenies besondere Aufmerksamkeit (ab S. 28). Auf Mozarts Spuren wandeln wir durch die Stadt, die zur Zeit seiner Geburt noch nicht zu Österreich gehörte, sondern von machtbewussten Fürsterzbischöfen regiert wurde. Vor allem ihnen verdanken wir die Salzburger Pracht.

Neue Akzente dagegen setzte der „Red Bull"-Milliardär Dietrich Mateschitz mit seinem ultramodernen Hangar-7 am Flughafen (S. 66) – ein größerer Gegensatz ist kaum denkbar zum bäuerlichen, fast noch archaischen Leben im „Tal der Almen" (S. 54) und zur Urwüchsigkeit der Hohen Tauern, dem wilden Dach des Salzburger Landes (S. 100). Dass es im mittleren Europa „keinen schöneren Raum" gibt, belegen darüber hinaus die Bilder von den idyllischen Seen im Salzkammergut.

Hugo von Hofmannsthal hat also nach fast hundert Jahren immer noch Recht. Salzburg und das Salzburger Land – ein unschlagbares Doppel! Überzeugen Sie sich selbst.

Herzlich, Ihr

Andreas Hallaschka
MERIAN-Chefredakteur

GRÜNE MATTEN UND EWIGES EIS Wunderschöne Ausblicke wie auf den mächtigen Fast-Dreitausender Hochkönig und die kleine Kirche von Dienten lassen das Herz aufgehen

HOCHGEBIRGE gehören für den Geologen Martin Rasper zu den interessantesten Landschaften. Ihn fasziniert die Urwüchsigkeit des Nationalparks Hohe Tauern. Seite 100

NACH MOTIVEN musste Dennis Williamson nirgendwo suchen. Er fand sie in großer Vielfalt rund um die Seen des Salzkammerguts. Seite 72

ALMEN sind Stefan Becker mittlerweile vertraut. Der gebürtige Ostwestfale lebt in Innsbruck, fotografiert und schreibt ebenso häufig wie gern über Menschen und Natur der Alpen. Seite 54

>> Mehr MERIAN im Internet: www.merian.de

INHALT

Salzburg
Salzburger Land

>> Titelthemen

SEITE 54
ALMEN
Die Brettl-Jause hoch oben bei Bergbauern ist die Krönung einer Wandertour. Doch bei aller Idylle ist das Leben der Menschen auf den Almhöfen im Salzburger Land nicht einfach

MERIAN | Info >> AB SEITE **110**

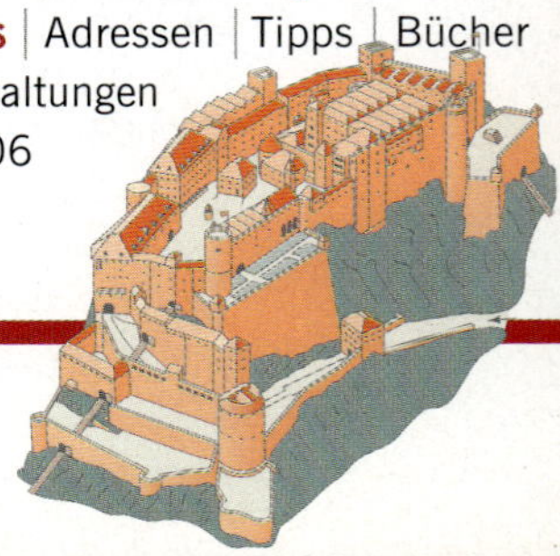

DER PEUGEOT 307 CC.
UND DIE SONNE GEHÖRT IHNEN.
307 CC
www.peugeot307.de Probefahrten und Infoline: 0 18 01/307 307 (€ 0,06/Min.)
Entspannt finanzieren:
€ 139,–*
monatl. Rate
Wechseln Sie auf die Sonnenseite des Lebens. Mit dem PEUGEOT 307 CC, der sich dank seines elektrisch betriebenen Stahldachs jederzeit vom Coupé zum Cabrio verwandeln lässt. Dabei verwöhnt er Sie mit einer automatisch geregelten Klimaanlage sowie je nach Modell mit einem HDi FAP-Triebwerk mit Rußpartikelfilter und auf Wunsch sogar mit einer edlen Vollleder-Ausstattung. Kann man die Sonne komfortabler genießen?
PEUGEOT EMPFIEHLT TOTAL
*Anzahlung: 5.815,72 € zzgl. Überführungskosten. Effektiver Jahreszins: 2,99 %. Schlussrate: 12.948,50 €. Laufzeit: 36 Monate. Fahrleistung: 10.000 km/Jahr.
Ein 3-Wege-Finanzierungsangebot der PEUGEOT BANK für den PEUGEOT 307 CC Filou 110 auf Basis der unverbindlichen Preisempfehlung von 23.500,– €

307 CC
DER PEUGEOT 307. DAS BESONDERE ERLEBEN.
PEUGEOT

FASSADENWANDEL

Zeit**Sprung**

1933

Einmalig ist die in den Mönchsberg gehauene Felsenreitschule – 1693 nach Plänen von Fischer von Erlach erbaut. Vor 300 Jahren diente das dreigeschossige, mit 96 Arkaden gestaltete Gebäude als Reitschule der erzbischöflichen Kavallerie. Clemens Holzmeister verwandelte es 1933 in die legendäre *Faust-Stadt* für die Freiluft-Inszenierung von Goethes Meisterwerk. 1968-70 erhielt die 40 Meter breite Bühne eine vier Meter tiefe Unterbühne. Heute präsentiert das Freilufttheater mit 1549 Sitzplätzen Konzerte, Theater und Opern wie „Die Gezeichneten" von Franz Schreker in der Inszenierung von 2005.

2005

Mozart-Zahlen

300 000
Besucher kommen jährlich in Mozarts Geburtshaus

11 006
Küsse verteilt Mozart schriftlich in den neun erhaltenen Briefen an sein „Bäsle"

über 350
Werke Mozarts entstanden in Salzburg

150
Gulden Jahresgehalt bekam der erst 16-jährige Mozart als Kapellmeister, das entspricht ungefähr 6000 Euro

147
von 212 Veranstaltungen (Oper, Schauspiel, Konzert) beinhalten ausschließlich Mozart-Werke in der Saison 2006 der Salzburger Festspiele

ca.30
Raubdrucke sollen sich zu Mozarts Lebzeiten unter 144 Notenausgaben befunden haben

MUSIKGESCHICHTE

Notation im **Mittelalter**

Nicht erst zu Mozarts Zeiten spielte Musik eine bedeutende Rolle. Schon im Mittelalter gab es Versuche, Töne schriftlich aufzuzeichnen. Die Salzburger Notenhandschrift des „Auferstehungshymnus" aus dem Jahr 1180 im Stift St. Peter ist ein Vorläufer der noch heute gültigen Notenschrift. Das Tonbild ist sinnlich verdeutlicht in der Neumenschrift, die aus Buchstaben, Punkten, Strichen, Bogen und Häkchen besteht. Neumen sind Notationszeichen, die den Stimmverlauf ungefähr angeben. Höhe und Dauer des Tones wurden mit roten Linien gekennzeichnet, die tiefere von höheren Neumen unterscheiden oder Intervallverhältnisse fixieren. Zu besichtigen nur nach Voranmeldung: *Bibliothek St. Peter, Tel. (06 62) 84 45 76 58 www.stift-stpeter.at*

1954

1996

1954 widmete MERIAN Salzburg erstmals eine Ausgabe. Bis 1996 folgten fünf weitere Hefte (1964, 1965, 1969, 1982, 1985), auch über das Salzburger Land

Anja Kruse, Schauspielerin:

»Nach einem Dreh oder sogar in einer Drehpause freue ich mich auf ein paar Tage in Salzburg.«

»Darum flieg´ ich auf den Salzburg Airport.«

Salzburg Airport

W. A. MOZART

WAS LIEGT NÄHER?

Salzburger Flughafen GmbH · Innsbrucker Bundesstraße 95 · A-5020 Salzburg
Fax +43/662/85 80-220 · Email: info@salzburg-airport.at · www.salzburg-airport.com

ZEITGENÖSSISCHES MUSEUM

Mozart in **neuem Licht**

Die Stiftung Mozarteum hat das gesamte dritte Stockwerk des Mozart-Geburtshauses vom texanischen Regisseur und Bühnenbildner Robert Wilson neu entwerfen lassen. Seine von Licht und Klang dominierte poetische Bühnenbildsprache ermöglicht einen besonderen Blick auf die historischen Exponate: Ein Zimmer ist mit biografischen Daten in geschwungenen Lettern tapeziert. Weiß gewandete Frauengestalten schreiten in gleißendem Lichtkegel zur Tür hinaus. In einem weiteren Raum fliegen blaue Gänse zum Fenster, akustisch mit dem Rauschen des Meeres und Windböen untermalt. Gucklöcher geben Intimes aus Mozarts Leben preis. Fazit: In diesem Haus steckt Musik.

WINTERBRÄUCHE

Perchten**Panik**

In der Zeit zwischen Weihnachten und dem Dreikönigsfest begegnet manch ahnungsloser Tourist in einigen Gegenden des Salzburger Landes (etwa am Untersberg bei Gröding, Foto unten) dem Brauch des *Perchtenlaufs.* Hässliche Perchten, so genannte *Schiachperchten,* sind Dämonen mit Angst einflößenden Holzmasken auf dem Kopf und Zottelkostüm. Sie ziehen nachts umher, um Wintergeister zu vertreiben und böse Menschen zu verwarnen und zu bestrafen. Der Brauch ist vorchristlichen Ursprungs, Percht leitet sich von *Bertha ab,* einer Schicksalsfrau und Seelenbegleiterin in der slawischen und nordischen Mythologie.

In der Nachsaison

MERIAN: Was ist ein typisch salzburgischer Wesenszug?

Laher: Da Salzburg trotz Festspielen und Tourismus keine wirklich weltoffene Stadt ist, der Kleingeist regiert und Kunst hier dekorativ sein soll, wird es wohl zutreffen, dass das alte katholische Erzbistum den Menschen immer noch in den Knochen steckt.

MERIAN: Was schlagen Sie einem Freund vor, der Salzburg besucht?

Laher: Salzburg ist als Gesamtkunstwerk zum Hinknien schön. Meinem Freund würde ich raten, im Spätherbst oder Spätwinter zu kommen, wenn es vergleichsweise still ist. Ich würde mit ihm gern durch die altehrwürdige Steingasse am Fuß des Kapuzinerbergs streifen und eine Veranstaltung im Literaturhaus aus dem Jahre 1600 mit seinem wunderbaren Ambiente besuchen. Anderntags stünden die wenigen Highlights des modernen Salzburg auf dem Programm, das Kulturgelände Nonntal etwa oder die für mich architektonisch schönste U-Bahnstation Europas unter dem Hauptbahnhof.

MERIAN: Was sollte man meiden?

Laher: Die Stadt ist zu klein, um etwa die aufdringliche, keine Peinlichkeit scheuende Vermarktung Mozarts erfolgreich meiden zu können. Trösten Sie sich damit, dass Wolferl einst mit Groll wegging und über Salzburg gewohnt eruptiv vom Leder zog. Begegnen werden Sie ihm übrigens weder durch den Verzehr von Mozartkugeln noch auf dem Ausflugsschiff „Amadeus", dafür vielleicht, wie es mir passierte, im langsamen Satz eines seiner Streichquintette.

Ludwig Laher, österreichischer Schriftsteller, lebte lange in Salzburg, das auch in seinen Romanen immer wieder eine Rolle spielt. Werkauswahl: *Wolfgang Amadeus junior: Mozart Sohn sein,* Haymon 1999, 17,90 €; *Herzfleischentartung,* Haymon 2001, 17,90 €; *Folgen,* Haymon 2005, 17,90 €

Wenn Ihnen die Semperoper
in Dresden gefällt, werden Sie das
Royal Opera House in London
lieben
Von Shakespeare bis hin
zu den beliebtesten Musicals -
London strotzt vor kultureller
Vielfalt: Kunst, Musik, moderner
Tanz, Ballet, Oper und,und,und.
Weitere Informationen unter
visitlondon.com/de
TOTALLY
LONDON®
www.visitlondon.com/de

GRAND TOUR

SICILIA06

EINE REGION, DIE MANCHES ERZÄHLT

WENN EINE REISE BEGINNT, BEGINNT FÜR JEDEN VON UNS EINE GESCHICHTE: MENSCHEN AUF DER SUCHE NACH KUNST, ABENTEUER, LANDSCHAFT UND WURZELN HABEN SEIT JEHER UNSERE INSEL FÜR DIESE SUCHE AUSERKOREN UND ENTSCHEIDEN SICH AUCH HEUTE NOCH FÜR SIE. AUS DIESEM GRUND WIRD SIZILIEN 2006 NICHT NUR TOURISTEN WILLKOMMEN HEISSEN, SONDERN *REISENDE*, DIE VON VERANSTALTUNGEN, MUSIK, THEATER, LITERATUR ODER AUCH EINFACH VON LANDSCHAFT, LEBENSQUALITÄT UND SÜSSE DES DASEINS ANGEZOGEN WERDEN. SIZILIEN WIRD DIE TORE SEINER BURGEN, THEATER, MUSEEN, STÄDTE, ARCHÄOLOGIE - UND NATURPARKS ÖFFNEN UND SEIN MEER UND SEINE BERGE BEREITSTELLEN. UND ES WIRD MIT SEINEN AROMEN, FARBEN UND DÜFTEN SPRECHEN. SIZILIEN WIRD SIE 2006 AN JENE ORTE FÜHREN, DIE INSPIRATION DER *GROSSEN REISENDEN* DER VERGANGENHEIT WAREN - ES WIRD DAS JAHR DER GRAND TOUR SEIN, UND JEDER WIRD HIER SEINE EIGENE GESCHICHTE ENTDECKEN.

DIE KUNST DES SCHÖNEN SEINS

Die Meisterregisseure Natur und Architektur haben das große Salzburger Land- und Stadtschauspiel eindrucksvoll in Szene gesetzt. Die Kulissen sind grandios, auch wenn die Bühnendekoration einmal im Verborgenen bleibt. Vorhang auf!

Die verschleierte Schöne: Von der Landeshauptstadt ist nur die Festung Hohensalzburg zu sehen. Stefan Zweig verglich die trutzige Spröde an Tagen wie diesem mit einem „Schiff auf dem Nebelmeer“

Vom Glockenspiel am Residenzplatz gegenüber dem Salzburger Dom erklingen seit 300 Jahren dreimal täglich Melodien, heute vor allem von Vater und Sohn Mozart sowie von Michael Haydn

Fotos: Thomas Klinger, Peter Wiegand

Der Schrieflinghof oberhalb von Wörth, älter als hundert Jahre, ist eine beschauliche Jausenstation. Aus fast 1300 Metern Höhe genießt man den Blick weit über das Raurisertal

Foto: Guenther Thoeni

LEBEN AUF DER HOHEN KANTE

FESTER GLAUBE, STARKE MAUERN

Junge Frauen packen an: Zu Fronleichnam in Mauterndorf im Lungau tragen sie eine weiß gekleidete, blumengeschmückte Christkindl-Figur durchs Dorf

Im Schutz der massiven Brüstung der Feste Hohensalzburg ist man bei Frühstück, Mittagessen oder auch nur für eine Erfrischung im Terrassencafé gern zu Gast. Nur das Panorama mit dem Hochstaufen bei Bad Reichenhall wechselt nicht

Fotos: Rainer Jahns, Peter Rigaud

Umgeben von den über 3000 Meter hohen Gipfeln der Tauern liegen der Weißsee und das Alpinzentrum Rudolfshütte (links) auf 2300 Metern Höhe. Der Gletschersee, mit dessen Wasser Strom erzeugt wird, ist Ziel vieler Wanderer

IN DER RUHE LIEGT DIE KRAFT

Lebensvollen Glanz gewinnt der Thronsaal (1710) der fürsterzbischöflichen Residenz erst bei Banketten und Empfängen, für die er vermietet wird

Fotos: Gregor M. Schmid, Thomas Klinger

ZWEI SALONS VON ERSTER SAHNE

Das Café Bazar in der Schwarzstraße ist seit der Eröffnung 1909 eine Art Wohnzimmer für Literaten und Schauspieler und nur ganz selten unbelebt

Foto: Arthur F. Selbach

JEDERMANNS LUST: STADT, LAND FLUSS

Entsprungen in den Kitzbühler Alpen, plätschert die Salzach von Süden kommend an ihrer schönsten Hafenstadt vorbei. Salzburg ist dem Strom zugewandt, die Altstadt wurde nah am Wasser gebaut. Das Salz, das Stadt und Fluss den Namen gab, war jahrhundertelang das wichtigste Transport- und Handelsgut

SALZBURG OHNE HAUSROCK

Zuerst gab es nur die Festspiele. Dann öffnete Salzburg das ganze Jahr rund um die Uhr. Der Stadt scheint's nicht zu schaden. Sie schwebt zwischen den Welten. Unbeirrt Text: Herbert Rosendorfer

Salzburg ist das Bayreuth derjenigen, die Richard Wagner nicht mögen. Salzburg ist vor allem der Inbegriff von Musik für alle, die Mozart mögen. Mozart aber mochte Salzburg nicht, er hasste Salzburg, und über den Mozart-Rummel in Salzburg hätte er wahrscheinlich gesagt: „G'schieht ihm recht, dem Ratzenloch." Dabei unterscheidet Salzburg von Bayreuth, dass jenes, also Salzburg, auch eine beachtliche Stadt mit Einwohnern ist, Bayreuth aber im Bewusstsein weiter Kreise als temporärer Hort von singenden Helden und Bösewichten gilt, außerdem als Wohnsitz der Familie Wagner, wobei nicht einhellige Meinung darüber besteht, ob deren Mitglieder zu diesen oder jenen zählen.

Zwar sind die Festspiele in Salzburg deutlich jünger als die von Bayreuth, aber als Stadt ist Salzburg, das schon in ferner prähistorischer Zeit besiedelt war, unvergleichlich viel älter und hat Bayreuth voraus, dass Kelten sich hier niederließen, also Verwandte von Tristan und Lohengrin, und von ihnen, man möchte fast meinen, in Vorgriff auf Mozart, „Sitz der Götter" genannt wurde.

Noch lang bevor die Salzburger Festspiele die seit dem Untergang des alten Fürsterzbistums nur noch dahindämmernde österreichische Provinzstadt ins globale Society-Bewusstsein schob, hatte der weltkundige Wilhelm von Humboldt konstatiert, dass er dieses Salzburg zu den fünf schönsten Städten des Erdkreises zähle. Über die anderen vier, die Humboldt meinte, herrscht Unklarheit, Wanne-Eickel ist nicht dabei, das Humboldt allerdings nicht gekannt hat. Humboldt hat Salzburg so erlebt, wie es viel später Bruno Walter (oder war es Stefan Zweig?) mit „Salzburg im Hausrock" umrissen hat, also die Stadt außerhalb der Festspiele, ohne Fremde sowie Touristen: Stille Getreidegasse, man kriegt im „Tomaselli" ohne weiteres einen Platz, die Portionen im Gasthaus sind größer und billiger, durchs Herbstlaub ist der Blick vom Park des Mirabell auf Festung und Dom ein optisches Märchen … hat doch, fällt einem ein, schon Wilhelm von Humboldt gesagt …

Aber es wird alles getan, um Salzburg den Hausrock auszuziehen. Die von Richard Strauss, Hugo von Hofmannsthal und vor allem von Max Reinhardt erfundenen und nach dem Ersten Weltkrieg – wenn der Ausdruck trotz der meerfernen Lage Salzburgs erlaubt ist – vom Stapel gelaufenen Festspiele überziehen die Stadt praeter propter von Ende Juli bis Ende August. Nach langem Grübeln kam dem bekannt hektischen Karajan, einem gebürtigen Salzburger, die verblüffend einfache Idee, die in der Hausrock-Zeit dahinschlafenden Festspielstätten auch zu Ostern zu nutzen und ließ also Osterfestspiele veranstalten.

Die Bresche war geschlagen, der Riss im Hausrock nicht mehr zu flicken. Pfingstfestspiele waren dann nicht mehr zu verhindern. Mozartwochen, Adventsingen, Christkindlmarkt, Allerseelen-, Weinlese-, Muttertagsfestspiele werden folgen. Den Hausrock haben sich die Touristen für's ganze Jahr übergezogen.

Aber es wäre ungerecht, das alles nur als Deformation der Stadt zu betrachten. Wenn auch Schickeria die Festspiele umnetzt und sich hinterher in der Oper langweilt – „O dear, hat Traviata kein happy end?" –, sind doch die Festspiele ein musikalisches Weltereignis der Handelsklasse A obere Grenze, und die wirklichen Musikfreunde und Kenner sind dann auch in den kleineren, feineren Konzerten im Mozarteum zu finden, in den Mozartmatineen oder in den geistlichen Konzerten im uralten Stift St. Peter. Wer es vermag, über den Trubel und das Großgemäule hinwegzusehen („Als erstes gehen wir immer zu Lanz, da erfährt man, wo jetzt ein Sechzehnender steht", „Oh nein, die Netrebko soll auch nicht mehr das sein, was sie einmal war"), wird die ganze Stadt von Musik klingend erfahren. Und letzten Endes hat der ganze Rummel der alten Stadt doch weit weniger geschadet, als man befürchten musste. Die prallvoll mit Touristen gefüllte Getreidegasse ist noch nicht geplatzt.

Was Humboldt bewogen haben mag, sein ehrendes Prädikat der Stadt Salzburg zu verleihen, ist entweder nicht überliefert oder die Fundstelle in seinen Werken ist noch nicht aufgetaucht, oder er hat es überhaupt nicht gesagt, was auch nichts ausmacht. Was hat nicht Goethe nicht alles nicht gesagt, was man ihm aber doch nachsagt. So Genies haben selbst mit dem Recht, was sie nie gesagt haben.

Was also mag Humboldt bewogen haben? Die zwar zufällig, aber doch so ungemein malerisch, dem Prinzip des Hingewürfelten folgenden angeordneten Kirchen? Die sich außerdem jeweils stilsicherer Treffgenauigkeit, was Romanik, Gotik, Barock anbetrifft, befleißigen? Die unglaublich wirkungserbauliche Festungssilhouette, namentlich gegen den Sonnenuntergang gesehen? Oder das Café „Tomaselli", das es, im Gegensatz zum Nockerl zu Humboldts, ja sogar zu Mozarts Zeiten, schon gegeben hat? Oder die Tatsache, dass der Salzburger Erzbischof, auch wenn er nicht Kardinal ist, Kardinals-Scharlachrot trägt? (Dies allerdings erst seit, am Alter der Stadt gemessen, kurzer Zeit, seit 1452 nämlich). Der Zwergerlgarten, jene barocke Unverfrorenheit des Spottes über Missgebildetete? Oder die, entgegen weit verbreiteter Meinung nicht von Mozart, auch nicht von Vater Leopold erfundene Mozartkugel? (Über deren Originalherkunft

Noch nicht geplatzt: die von Touristen übervölkerte Getreidegasse in der Salzburger Altstadt

die wissenschaftlichen Konfiseriegeschichtlichen Untersuchungen noch nicht abgeschlossen sind).

Der überirdisch schöne, dennoch blütenirdische Mirabellgarten mit dem Schloss, das ein eleganter Fürsterzbischof namens Wolf Dietrich von Raitenau hat erbauen lassen, und zwar für eine ihm nahe stehende oder besser nahe liegende Dame namens Alt, welche aber jung und mit dem bereits Ruchlosigkeit ausatmenden Vornamen Salome geschmückt war? Möglicherweise erfreute sie den Kirchenfürsten schon damals mit dem Tanz der sieben Schleier, der in der Neuzeit nur noch drüben im Festspielhaus am Ende der Oper „Salome" vorgeführt wird.

Wahrscheinlich hat sich alles das, soweit es schon vorhanden war (also die Nockerl nicht, auch nicht die Mozart-Kugeln), und die anderen Sinnesumschmeichelungen, über die Salzburg verfügt, in Humboldts Beurteilungsmaßstab verfilzt und gemeinsam das unsterbliche Lob hervorgebracht … – denn was hat schon Goethe über Salzburg gesagt? Nein, Goethe hat nichts über Salzburg gesagt, weil er schändlicherweise nie hier war. Er hat das bitter bereut, denn seine letzten Worte waren: „Mehr Licht", was immer falsch geschrieben wird, denn Goethe wollte sagen: „Mer (= mir auf Frankfurterisch) liecht (= liegt)" und konnte nicht fortfahren „… daran doch noch Salzburg zu besuchen, von dem ja Humboldt sagt …"

Was macht, um zur Ernsthaftigkeit zurückzukehren, aber für einen, der solches wie oben schreibt, kein Salzburger ist, fast aber seinen Ruhestandsort dorthin verlegt hätte, seit über einem halben Jahrhundert die Festspiele besucht und eine fast vollständige Sammlung von Tondokumenten des „Je-där-maann"-Schreies hütet, denn aber nun heute den Charme dieser Stadt aus? (Um es gleich zu sagen: das mit der Jedermann-Schrei-Sammlung stimmt nicht, das andere schon.)

Was macht den unvergleichlichen, stets anziehenden, über alle Schrecknisse des Jetset-Rummels hinweghebenden Charme dieser Stadt aus? Ihre Unwirklichkeit. Sie schwebt zwischen den Welten. Sie ist zutiefst österreichisch, aber ist nicht „Wien". Ihre Stadtgrenze ist die Grenze zu Deutschland – sie ist deutsch, gehört aber doch nicht dorthin. Aber ihr scharlachrot gekleideter Bischof ist, wenn auch die Diözesangrenzen längst bereinigt sind, immer noch offiziell „Primas von Deutschland". Sie ist eine vom Fremdenverkehr geprägte, von ihm – im Wesentlichen – lebende Stadt, aber darunter lebt oder darüber erhebt sich eine so zarte wie zähe Schicht des Privaten.

Einer der ganz bedeutenden Söhne der Stadt ist der Dichter Georg Trakl, der im Übrigen einige der schönsten, wenngleich melancholischen Hymnen auf die Stadt verfasst hat. Trakl ist früh gestorben, 1914 mit 27 Jahren. Als seine Bedeutung schon längst erkannt war, als er bereits sowohl in die Höhen des literarischen Heroentempels als auch in die Niederungen germanistischer Sekundärliteratur eingegangen war, konnte man an einer Haustür in einem Gebäude gleich hinter dem Café Glockenspiel eine Klingeltafel sehen und daruf ein schlichtes Blättchen mit den Buchstaben: TRAKL. So einfach ist das. □

Herber Rosendorfer, *Schriftsteller, lebt in der Nähe von Bozen und besucht seit 1951 regelmäßig die Festspiele.*

Foto: Michael Rogosch/Residenz Verlag

Glückwunsch,

Mozart ist allgegenwärtig. In seinem Jubiläumsjahr wird sich die Zahl der verkauften Mozartkugeln in Rekordhöhen schrauben, sicher auch im Süßwarengeschäft Reber am Alten Markt

Amadeus!

2006 ist das Jahr des 250. Geburtstags von Wolfgang Amadeus Mozart. Eine Stadt ehrt die Unsterblichkeit ihres Genies, das der ganzen Welt gehört, und MERIAN präsentiert Salzburger Schauplätze und Stationen des begnadeten großen Musikers

Von Kristof Magnusson

Eine Bühnen-Renaissance Moza

Foto: Monika Rittershaus

rts gab es nie. Er war immer aktuell

Jede Zeit macht aus Mozarts Opern, was ihr gefällt: In der Salzburger Inszenierung der „Zauberflöte" von Achim Freyer (2002) sind Papageno, Pamina und Monostatos von blauhäutigen Sklaven umringt. Mozart, der bei der Premiere der Zauberflöte am 30. September 1791 in Wien selbst dirigierte, wäre gewiss begeistert gewesen

Foto: British Library

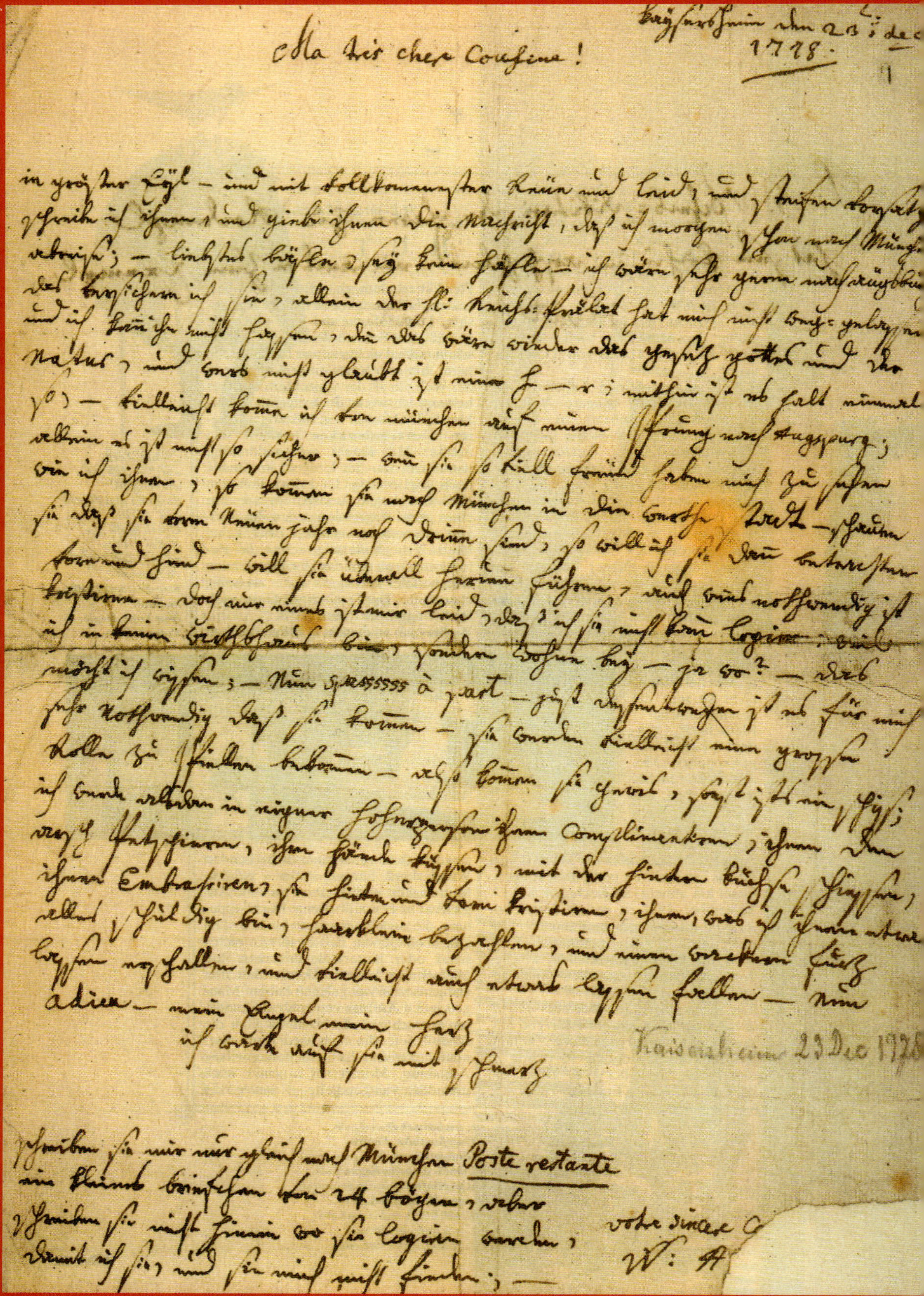

Kaysersheim den 23ᵗ: dec 1778.

Ma tres chere Cousine!

in gröster Eyl – und mit vollkommenster Reüe und leid, und steifen vorsatz schreibe ich ihnen, und gebe ihnen die Nachricht, daß ich morgen schon nach München abreise; – liebstes bäsle, sey kein häsle – ich wäre sehr gerne nach augsburg, das versichere ich sie, allein der hl: Reichs:prälat hat mich nicht weg:gelassen, und ich kann ihm nicht hassen, denn das wäre wieder das gesetz gottes und der Natur, und wers nicht glaubt ist eine H—r; mithin ist es halt einmal so; – vielleicht komme ich von münchen auf einen Sprung nach Augspurg; allein es ist nicht so sicher; – wenn sie so viell freüde haben mich zu sehen wie ich ihnen, so kommen sie nach München in die werthe Stadt – schauen sie daß sie vor dem Neüen jahr noch drinn sind, so will ich sie dann betrachten vorn und hind – will sie überall herum führen, ... klystiren – doch nur einals ist mir leid, daß ich sie nicht kan logiren, weil ich in keinem wirthshaus bin, sondern wohne bey – ja wo? – das möcht ich wissen; – Nun spassssss à part – just desentwegen ist es für mich sehr nothwendig daß sie kommen – sie werden vielleicht eine grosse Rolle zu spielen bekommen – also kommen sie gewis, sonst ist es ein Schiß; ich werde alsdann in eigner hoher person ihnen complimentiren, ihnen den arsch petschiren, ihre hände küssen, mit der hintern büchse schiessen, ihnen Embrassiren, sie hinten und vorn klystiren, ihnen, was ich ihnen etwa alles schuldig bin, haarklein bezahlen, und einen wackern furz lassen erschallen, und vielleicht auch etwas lassen fallen – nun adieu – mein Engel mein herz

ich warte auf sie mit schmerz

Kaisersheim 23 Dec 1778

schreiben sie mir nur gleich nach München Poste restante ein kleines briefchen von 24 bögen, aber schreiben sie nicht hinein wo sie logiren werden, damit ich sie, und sie mich nicht finden; —

votre sincere C

W: A

Die deftigen Liebesbriefe des Wun

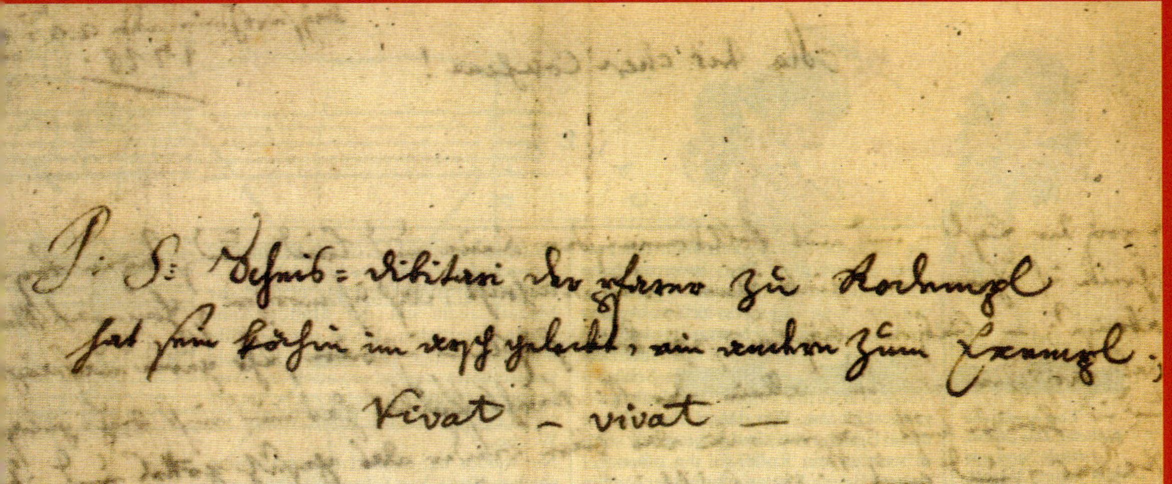

Neun Briefe schrieb Mozart an sein „Bäsle“, die zwei Jahre jüngere Cousine Maria Anna Thekla Mozart. Den hier gezeigten am 23. 12. 1778.

Ma trés cher Cousine!

in größter Eyl - und mit vollkommenster Reüe und leid; und steifen Vorsatz schreibe ich ihnen, und gieb ihnen die Nachricht, daß ich morgen schon nach München abreise; – liebstes bäsle, sey kein häsle – ich wäre sehr gerne nach augsburg das versichere ich sie, allein der H: Reichs=Prälat hat mich nicht weg=gelassen, und ich kann ihn nicht hassen, denn das wäre wieder das gesez gottes und der Natur, und wers nicht glaubt ist eine h-r; mithin ist es halt einmal so, – vielleicht komme ich von münchen auf einen sprung nach augsburg; allein es ist nicht so sicher; – wenn sie so viell freüd haben mich zu sehen wie ich ihnen, so kommen sie nach München in die werthe stadt – schauen sie daß sie vorm Neüen jahr noch drinn sind, so will ich sie dann betrachten vorn und hind – will sie überall herum führen, auch wenns nothwendig ist kristiren – doch nur eines ist mir leid, daß ich sie nicht kann logiren: weil ich in keinen wirthshaus bin, sondern wohne bey – ja wo? – das möcht ich wissen; – Nun spassssss à part – just dessentwegen ist es für mich sehr nothwendig daß sie kommen – sie werden vielleicht eine grosse Rolle zu spiellen bekommen – also kommen sie gewis, sonst ist ein schys; ich werde alsdan in eigner hoherperson ihnen Complimentiren, ihnen den arsch Petschieren, ihre hände küssen, mit der hintern büchse schiessen, ihnen Embrassiren, sie hinten und vorn kristiren, ihnen, was ich ihnen etwa alles schuldig bin, haarklein bezahlen, und einen wackeren furz lassen erschallen, und vielleicht auch etwas lassen fallen – Nun adieu – mein Engel mein herz ich warte auf sie mit schmerz schreiben sie mir nur gleich nach München Poste restante ein kleines briefchen von 24 bögen, aber schreiben sie nicht hinein wo sie logiren werden, damit ich sie, und sie mich nicht finden;–

P:S: Scheis=dibitari der pfarer zu Rodempl hat seine köchin im arsch geleckt, ein andern zum Exempl;

Vivat - vivat – votre sincere Cousin

W:A

derwolferls ans „Bäsle“

Die Ausstrahlung

Amadeus hat er nie geheißen

Im Taufbuch der Kirche St. Peter vom 28. Januar 1756 lauten Mozarts Vornamen: Joannes Chrysostomus Wolfgangus Theophilus. Vom griechischen Theophilus bevorzugt Mozart später die deutsche, lateinische oder italienische Übersetzung; nämlich Gottlieb, Amadeus, Amadeo oder auch – ein Hybrid aus Französisch und Latein – Amadé.

Schon zu Mozarts Zeiten wurde er in das Felsgestein gehauen, der kurze Tunnel, der unter dem massigen, grauen Mönchsberg hindurch aus der Salzburger Altstadt in den Stadtteil Riedenburg führt. Kühl und feucht ist es hier, in einer Ecke tropft es sogar. Dieser Tunnel ist eine atmosphärische Schleuse: Auf der einen Seite liegt das Salzburg des 21. Jahrhunderts, auf der anderen fühlt man sich in Rokoko- und Barockzeiten versetzt.

Lange Reihen von alten Bürgerhäusern ziehen den Besucher immer tiefer in die Altstadt, kein einziges modernes Gebäude zerstört die in sich geschlossene Illusionswelt. Der Weg führt am Wilhelm-Furtwängler-Garten vorbei auf den Universitätsplatz. Hier, in der Kollegienkirche, wurde 1769 Mozarts Messe in d-Moll uraufgeführt.

Heute ist Wochenmarkt. Zwischen den Gemüse- und Käseständen überall im Angebot: die berühmten, mit Schokolade überzogenen Marzipankugeln, von deren Verpackung Wolfgang Amadeus Mozart weißbezopft und milde lächelnd dem Treiben der Touristen zusieht. Viele von ihnen werden heute noch das Patrizierhaus betreten, dessen mit gelbem und orangefarbenem Rokoko-Stuck verzierte Rückseite hinter dem Markt aufleuchtet.

Mitten im Getümmel hält eine Reiseleiterin eine Sonnenblume in die Luft, um die sich eine Gruppe von Siebtklässlern sammelt. „Hier wurde am 27. Jänner 1756 Joannes Chrysostomus Wolfgangus Theophilus Mozart geboren. Fast die Hälfte seines Lebens hat er hier gewohnt“, erklärt sie. „Ihr kennt ja sicher die Mozartkugel. Aber wusstet ihr, dass es auch Mozartparfüm gibt, Mozartschnaps und Mozartzigaretten?“. Dann erinnert sich die Reiseleiterin daran, dass sie zu einer Horde von Dreizehnjährigen spricht und fügt mit mütterlichem Lächeln hinzu: „Aber da müsst ihr noch drei Jahre warten“.

Schon für Familie Mozart muss es eng gewesen sein im dritten Stock der Getreidegasse 9, doch nun drängeln sich durchschnittlich eintausend Menschen pro Tag durch diese Räume, bestaunen Mozarts Clavichord, die Kindergeige, die Briefe. Von den sieben Kindern, die Anna Maria Mozart zur Welt brachte, überlebte neben Wolfgang nur seine ältere Schwester Maria Anna Walburga. Vater Leopold, der nicht nur Musiker, sondern auch ein angesehener Pädagoge war, erkannte bald das

Der Nachfolger Mozarts heißt János Czifra (linkes Foto). Als Domkapellmeister ist er sich der Ehre bewusst, auf demselben Instrument zu spielen, das bereits von dem Genie bedient wurde.

Die Domorgel ist im Kern unverändert, seit der sechsjährige Mozart ihre Register zog (Foto rechts). Die Orgel stammt von 1702/03, das 24-Register-Werk wurde inzwischen auf 101 Register erweitert

Wie ein Erwachsener im Kindesalter wirkt Wolfgang Amadeus auf dem Gemälde von Pietro Antonio Lorenzoni. Der italienische Künstler porträtierte um 1763 das sechsjährige Wunderkind in dem steifen Galakleid, das Kaiserin Maria Theresia ihm geschenkt hatte

Mozarts holt Salzburg überall ein

Text: Kristof Magnusson

Talent seiner beiden Kinder und sorgte dafür, dass Wolfgang und „Nannerl" einen großen Teil ihrer jungen Jahre auf Konzertreisen zwischen London, Paris und Italien verbrachten.

Neben dem Fürsterzbischof Schrattenbach war Lorenz Hagenauer, Vermieter und Freund der Familie Mozart, ein großzügiger Förderer dieser aufwändigen Reisen. Im Parterre des Hauses in der Getreidegasse 9 führte er die „Alte Hagenauerische Specereywarenhandlung", Salzburgs erste Adresse für Delikatessen, Kaffee und Gewürze.

Die kulinarische Welt der Hagenauers lebt bis heute bei Ludwig Rigaud weiter. Dessen Vorfahren kauften vor mehr als 100 Jahren Mozarts Geburtshaus. Dort betrieben sie in Hagenauers Nachfolge ein Feinkostgeschäft. 1994 war es nicht mehr möglich, sich auf der Getreidegasse gegen die Konkurrenz von Nordsee und McDonald's zu behaupten. So führt Rigaud die Tradition in einem Bistro in der ruhigeren Sigmund-Haffner-Gasse fort. Hier, bei „Scio's Specereyen" steht jetzt der Zahltisch aus weißem Marmor, an dem schon Hagenauer seine Geschäfte tätigte. „An dem Klang, den die Münzen machten, wenn sie auf diesen Tisch fielen, wurde überprüft, ob sie echt waren", sagt Rigaud. Frische Austern, Knödelsuppe und Gulasch stehen bei „Scio's" auf der Speisekarte. Daneben auch Produkte, die ihren Ursprung in Mozarts Zeit haben, beispielsweise ein Vorläufer der Mozartkugel aus Maronenpüree und Nougat. Dass diese mit dunkler Schokolade überzogenen halbrunden Pralinen „Venusbrüstchen" heißen, ist eine Frivolität, die wohl auch Mozart gefallen hätte.

Aber wie ist es denn nun, in Mozarts Geburtshaus zu wohnen, das jedes Jahr doppelt so viele Menschen besuchen wie Salzburg Einwohner hat? Ludwig Rigaud stört das nicht: „Man muss nur daran denken, unten zuzusperren, sonst stehen die Leute auch in unserer Wohnung."

Auf der Getreidegasse wird schlagartig klar, was Rigaud meinte: Links Russen, rechts Japaner, englische, deutsche Sprachfetzen fliegen umher. Jemand spielt auf einem Digitalklavier die „Kleine Nachtmusik" so holzhackerhaft grob, als müsse eine Armee dazu marschieren. Die Geschäfte, die noch nicht zu großen Ketten gehören, verkaufen Mozartdirndl oder „Nannerl Liqueur" – Mozartkugeln verkaufen ohnehin alle. Nirgendwo ist sie so spürbar wie

Mozart war ein Deutscher

Auch wenn es manchem Österreicher nicht passen wird: Zur Zeit der Geburt Mozarts war Salzburg ein Fürsterzbistum, das dem „Bayerischen Reichskreis des Heiligen Römischen Reiches Deutscher Nation" angehörte. Und Mozart fühlte sich offensichtlich als Deutscher. So schrieb er am am 29. Mai 1778: „Was mich aber am meisten aufrichtet und guten Mutes erhält, ist, dass ich ein ehrlicher Deutscher bin."

Miles & Mozart

Mozart wurde nur 35 Jahre alt. In seinem kurzen, abenteuerlichen Leben schuf er Epochales. Er war einer der meistgereisten Menschen seiner Zeit. Tourneedaten eines genialen Musikers

Am 27. Januar 1756 wird Leopold Mozart, Violinlehrer an der Salzburger Hofkapelle, Vater. Seine Frau Anna Maria bringt einen Jungen zur Welt. Der überlebt das Säuglingsalter, wie seine fünf Jahre ältere Schwester Maria Anna, das „Nannerl". Fünf Geschwister überlebten es nicht.
Leopold ist als Komponist kein Überflieger, dafür ein guter Musikpädagoge. Er bemerkt schnell, welche Begabung in seinen Kindern steckt, vor allem in Wolfgang, der spielend Klavier und Geige lernt und vierjährig erste Stücke schreibt. Mozart senior fördert und fordert. Der verhinderte Hofkapellmeister, eine frühe Eislaufmutter: ehrgeiziger Motor einer Karriere, die mangels eigenen Talents ihm selbst nicht gelingen kann.
Die Wunderkinder müssen der Welt gezeigt werden. Im Januar 1762 bricht die Familie nach München auf, im selben Jahr geht es nach Wien. Kaiserin Maria Theresia ist entzückt. Ab 1763 dann die große Tournee: Die Mozartsche Chaise rumpelt über München, Augsburg, Mannheim, Frankfurt und Köln nach Paris, unterwegs musiziert man vor Provinz- und Landesfürsten. In Frankfurt sitzt noch ein anderer Wolfgang im Saal: Goethe ist vierzehn, Mozart sieben, ein „kleiner Mann mit seiner Frisur und Degen", wie sich der Dichter später erinnert. Wolferl wird als Bonsai-Kavalier präsentiert, ein Zwerg im maßstabsgerechten Outfit der Großen. 1764 beginnt mit einem Neujahrsempfang am Hof Ludwigs XV. in Versailles, im April treten die Mozarts vor Georg III. in London auf. Mehr als ein Jahr bleiben sie dort, annoncieren ihre Show als „größtes Wunder, dessen sich Europa oder die Menschheit überhaupt rühmen kann". Zurück geht es durch Holland, Frankreich und die Schweiz. Am 29. November 1766 ist man wieder zu Hause, kein Jahr später, im September 1767, erneut unterwegs nach Wien. Dort grassieren die Blattern, an denen auch die Kinder erkranken. Knotenrose und Bauchtyphus hatten sie bereits, ihr Rheuma wird chronisch.
So ungesund es ist – Reisen bildet. Dank der Begegnungen mit anderen Musikern trägt das Nomadenleben Früchte; an der Salzach wäre Mozarts Genie verkümmert. Drei Touren nach Italien – die erste beginnt im Dezember 1769, die letzte endet im März 1773 – lassen Wolfgangs Meilenkonto weiter anwachsen. Im Mutterland der Oper ist er mit dem Vater allein unterwegs. Die Wunderkindjahre sind vorbei, aus dem Wolferl ist Wolfgango Amadeo geworden. 1770 gelingt ihm in Mailand mit der Oper *Mitridate, Rè di Ponto* der Durchbruch als Maestro. Nun fehlt noch ein gut dotierter Job. Den aber hat Italien, trotz aller Bravos, nicht zu bieten. In Salzburg verdient Wolfgang 150 Gulden im Jahr – viel Geld für einen Jugendlichen, aber kein Gehalt für jemanden mit seinen Fähigkeiten. Im September 1777 bricht er wieder auf, diesmal begleitet von der Mutter. Die beiden fahren über München und Augsburg (hier lernt er sein „Bäsle" kennen) nach Mannheim, wo Kurfürst Karl Theodor eines der besten Orchester Europas unterhält. Auch hier gibt es keinen Arbeitsvertrag. In Mannheim trifft er die Sängerin Aloisia Weber. Mit ihr will er nach Italien. Aus Salzburg donnert der Vater: „Fort mit Dir nach Paris!" Wolfgang gehorcht. Doch die Stadt, die dem Wunderwolferl noch zu Füßen gelegen hatte, zeigt kaum Interesse am erwachsenen Mozart. Schlimmer noch: In Paris stirbt die Mutter, am 3. Juli 1778, mit 57 Jahren. Wolfgang kehrt zurück nach Salzburg, wo er lustlos seinen Dienst als Hoforganist verrichtet. 1780 gibt der nun in München residierende Karl Theodor eine Oper in Auftrag. Mozart komponiert *Idomeneo*, Premiere ist am 29. Januar 1781. Von der Isar wird er nach Wien beordert, sein Dienstherr, Erzbischof Colloredo, hält sich dort auf. Dessen Rückreise nach Salzburg erfolgt ohne Mozart, der damit seinen Rauswurf provoziert. Er bleibt in Wien, lebt von Auftragskompositionen und Klavierunterricht. 1782 heiratet er Constanze Weber, Aloisias Schwester. Leopold missfällt die Verbindung. Doch Wolfgang hat sich emanzipiert, auch gesellschaftlich: Er wird Freimaurer und bringt 1786 mit der *Hochzeit des Figaro* eine Oper auf die Bühne, deren freche Untertöne dem Adel bitter aufstoßen. In Wien hält sich der Applaus in Grenzen, Prag aber steht Kopf. Im Januar 1787 wird Mozart von den freiheitsliebenden Böhmen wie ein Popstar empfangen. Im Herbst reist er erneut nach Prag, zur Uraufführung des *Don Giovanni*. Zurück in Wien erhält Mozart endlich eine Anstellung: Am 7. Dezember wird er Hofkompositeur. Der Vater erlebt es nicht mehr, er starb im Mai. 1789 fährt Mozart nach Berlin, wo er vor Friedrich Wilhelm II. auftritt. 1790, kurz nach der Premiere von *Così fan tutte*, stirbt Kaiser Joseph II. Zur Krönung Leopolds II. reist der Wiener Hof nach Frankfurt. Auch Mozart macht sich auf den Weg, nicht im Gefolge, sondern privat. Die Tour lohnt sich nicht, er findet kaum Beachtung. Ähnliches widerfährt ihm 1791, bei Leopolds Krönung zum böhmischen König in Prag. Es ist Mozarts letzte Reise. Er stirbt am 5. Dezember 1791, wenige Wochen nach der Uraufführung der *Zauberflöte*.

Peter Münch

Ein Leben auf Achse: Mozarts Reisen, vereinfacht dargestellt im Europa von heute. An zahlreichen Orten gastierte er mehrmals.

Im Antretterthaus unterrichtete Vater Leopold die Kinder Johann Ernst von Antretters. Der junge Mozart freundete sich mit Antretters Sohn Thaddä an, für den er zum Studienabschluss 1773 ein Stück komponierte

Der Glockenzug an Mozarts Geburtshaus in der Getreidegasse 9 ist uralt. Ob schon „Er" hier schellte?

hier, die oft monierte millionenfach reproduzierte Allgegenwart des Komponisten.

Doch was geschieht, wenn jemand ein anderes Bild von Mozart entwirft? So geschehen auf dem Ursulinenplatz am Rande der Altstadt, für den der deutsche Künstler Markus Lüpertz eine Skulptur entwarf, die im Auftrag der Salzburg Foundation frischen Wind in das Weltkulturerbe der Altstadt bringen sollte. Was gründlich gelang: Ein nackter Körper steht nun da, mit breitem Becken und weiblichen Brüsten. Auf dem Kopf eine typische Rokokoperücke, allerdings in gelb. Wer aus der hochbarocken Markuskirche tritt, läuft unmittelbar auf die unbekleidete Vorderseite dieser Figur zu – für streng katholische Geister ist das schon Provokation genug, selbst wenn auf dem Sockel nicht noch das Wort „Mozart" stünde. Dennoch hätte man das in den meisten Großstädten wohl einfach hingenommen. Anders in Salzburg: Obwohl der Künstler betonte, dass es sich nicht um eine Mozart-Darstellung, sondern um eine „Hommage" handele, beschmierte der selbst ernannte Sittenwächter Martin Humer die Figur mit Lackfarbe und federte sie, um „wenigstens einen Papageno" daraus zu machen. Die Folgen: Restaurierungskosten von über 30 000 Euro und eine Anzeige wegen Sachbeschädigung für den „Pornojäger". Heute hat wieder jeder die Möglichkeit, sich die inzwischen entfederte Figur anzusehen und über Salzburgs Verhältnis von Tradition und Moderne nachzudenken.

Das Salzburger Land ist das Herz vom Herzen Europas. [...] es liegt in der Mitte zwischen Süd und Nord, zwischen Berg und Ebene, zwischen dem Städtischen und dem Ländlichen, zwischen dem Uralten und dem Neuzeitlichen, dem barocken Fürstlichen und dem lieblich ewig Bäuerlichen; Mozart ist der Ausdruck von alledem. Das mittlere Europa hat keinen schöneren Raum und hier musste Mozart geboren werden", schrieb Hugo von Hofmannsthal. Und wie war das Verhältnis von Mozart zu dieser Stadt an der Salzach, die sich so gern mit seinem Namen schmückt?

Häufig wird diese Frage aus Mozarts Briefen beantwortet. So schrieb er im Januar 1779: „ich schwöre ihnen bey meiner Ehre daß ich Salzburg und die ihnwonner (ich rede von gebohrnen Salzburgern) nicht leiden kann; – mir ist ihre sprache – ihre lebensart ganz unerträglich". Wer sich mit Mozarts Briefen etwas genauer beschäftigt, stellt allerdings fest, dass Mozart nicht nur gerne übertrieb, sondern sich zum Teil auch widersprach. So kommt die Stadt in einem Brief vom Dezember 1780 besser weg: „mir wird bey meiner Ehre nicht Salzburg – sondern der Fürst – die stolze Noblesse alle tage unerträglicher – ich würde also mit vergnügen erwarten, daß er mir schreiben liesse, er brauche mich nicht mehr". Der „Fürst", über dessen „stolze Noblesse" Mozart

Die Salzburger Werke

Seit seiner Kindheit war Mozart ein vielseitiger Komponist. So entstanden bereits in Salzburg neben Violinkonzerten und Sinfonien die „Spatzenmesse" und das „Jeunehomme"-Klavierkonzert. Viele Werke sind im Auftrag reicher Salzburger Familien komponiert worden, so z.B. das Konzert für drei Klaviere F-Dur – eine Art musikalische Maßanfertigung mit Klavierparts im passenden Schwierigkeitsgrad für Maria Antonia Gräfin Lodron und ihre beiden Töchter.
Aber es gab auch bürgerliche Auftraggeber wie die Bürgermeisterfamilie Haffner, für deren Tochter Elisabeth Mozart zur Hochzeit die „Haffner"-Serenade D-Dur komponierte. Eines der populärsten Werke ist die Messe C-Dur, die 1779 im Salzburger Dom uraufgeführt wurde. Den Beinamen „Krönungsmesse" erhielt sie wahrscheinlich erst 1791, nachdem sie anlässlich der Krönung Leopolds II. zum König von Böhmen erneut erklang.

Prominente Bewunderer

„Mozart hätte den Faust komponieren müssen." (Johann Wolfgang von Goethe)

„Allzeit habe ich mich zu den größten Verehrern Mozarts gerechnet, und werde es bis zum letzten Lebenshauch bleiben." (Ludwig van Beethoven)

„Ihr werdet zusammen Mozart spielen, und ich werde euch hören." (Frédéric Chopin auf dem Totenbett zu seiner Schülerin)

„Die einzige Musik, die in Gottes Mund nicht deplaziert klingen würde, ist die von Mozart." (George Bernard Shaw)

„Mozarts Musik ist so rein und schön, dass ich sie als die innere Schönheit des Universums selbst ansehe." (Albert Einstein)

„Es ist zwar schade um so ein großes Genie, aber wohl uns, dass er tot ist. Denn hätte er länger gelebt, so hätte man uns wahrlich kein Stück Brot für unsere Kompositionen gegeben." (Antonio Salieri)

MOZART IN SALZBURG

1 Am MOZARTPLATZ befinden sich das Mozartdenkmal des Bildhauers Ludwig von Schwanthaler und das Antretterhaus, in dem Vater Leopold unterrichtete und der junge Mozart ein- und ausging

2 In MOZARTS GEBURTSHAUS (Getreideg. 9) wohnte die Familie Mozart bis 1773

3 In der KOLLEGIENKIRCHE wurde am 5. Februar. 1769 Mozarts „Missa brevis“ erstmals aufgeführt

4 In der RESIDENZ waren Vater Leopold und später auch sein Sohn Wolfgang als Musiker angestellt

5 Im DOM wurde Mozart getauft. Hier sollte er später als erzbischöflicher Hoforganist wirken

6 In der STIFTSKIRCHE ST. PETER führte Mozart seine „c-moll-Messe“ erstmals am 26. Oktober 1783 auf

7 Auf dem PETERSFRIEDHOF liegt Mozarts Schwester Nannerl begraben

8 Im Haus MAKARTPLATZ 8 wohnte Familie Mozart vom Herbst 1733 an

9 In der DREIFALTIGKEITSKIRCHE hat Mozart angeblich unter der Leitung seines Vaters Orgel gespielt

10 Das so genannte ZAUBERFLÖTENHÄUSCHEN, in dem Mozart die letzte Oper geschrieben haben soll, steht heute im Bastionsgarten

11 Auf SCHLOSS MIRABELL finden heute, wie zu Mozarts Zeiten musikalische Aufführungen statt

12 Der SEBASTIANSFRIEDHOF ist letzte Ruhestätte von Mozarts Frau Constanze und seinem Vater Leopold

13 Am Ursulinenplatz steht die umstrittene SKULPTUR „Hommage an Mozart“ des deutschen Künstlers Markus Lüpertz

14 Im MOZARTEUM werden das ganze Jahr über zahlreiche Mozartwerke aufgeführt

Mozart-Mania: Die Amadeus-Doppelgänger und Devotionalien beherschen Salzburgs Innenstadt vor allem zur Festspielzeit – ganz besonders in einem Mozart-Jubiläumsjahr

sich hier beschwert, ist Hieronymus Graf Colloredo, seit 1772 Fürsterzbischof von Salzburg, dem Mozart als Konzertmeister und Hoforganist diente und mit dem er immer wieder in Streit geriet. Dabei fiel Mozart meist die Rolle des verkannten Genies zu und Colloredo die des absolutistischen Ausbeuters. Doch stimmt das wirklich? Oder passt diese Geschichte von dem Feudalherrn und seinem unterdrückten Bürger einfach nur gut in unser Bild von der Welt vor der Französischen Revolution?

Egal, wie ernst man die in Mozarts Briefen geäußerte Abscheu gegenüber seiner Heimatstadt nimmt: Es war keinesfalls so, dass Colloredo an „seinem“ Mozart festhielt, während sich der Rest der musikalischen Welt um ihn riss: Weder in Mannheim, noch in München oder Italien gelang es ihm, dauerhaft Fuß zu fassen. Besonders die lukrativen Opernaufträge, die Mozart sich so sehr wünschte, blieben rar.

Da Salzburg kein spezielles Opernhaus hatte, war der Anreiz für Mozart, hier zu bleiben, schon aus diesem Grund gering. Aber ein Tyrann war Colloredo nicht. Er war ein aufgeklärter Herrscher, der sich bemühte, die Staatsfinanzen zu sanieren und eben auch bei den großen musikalischen Aufführungen sparte“, sagt Dr. Josef Wallnig, Professor für Operninterpretation an der Universität Mozarteum, der sich aus Leidenschaft für die Geschichte seiner Heimatstadt in der Freizeit zum staatlich geprüften Fremdenführer ausbilden ließ.

Hinter der grauen Jugendstilfassade des Mozarteums sind nicht nur kostbare Autographen untergebracht, sondern auch eine der angesehensten Musikhochschulen Europas. Seit einem Jahr gehört auch Michiko Watanabe zu den Studenten von Professor Wallnig. Die junge Sopranistin hat in Osaka und Tokio studiert und sich dann für ein Postgraduiertenstudium am Mozarteum beworben. Nur am Mozarteum. „Ich habe immer eine besondere Beziehung zu Mozart gehabt. Mein Bühnendebüt habe ich 1999 in Osaka als Fiordiligi in „Così fan tutte“ gegeben“, erzählt die Japanerin in einem Deutsch, das verrät, dass sie sich schon lange mit deutschsprachiger Musik beschäftigt hat. „Man muss in Europa sein, um europäische Musik richtig zu studieren“, sagt Michiko. Gerade die Omnipräsenz des Historischen und das Salzburger Traditionsbewusstsein schätzt sie sehr. Dann schmunzelt sie und

MERIAN | Info Mozartkugel

Mozarttorte hin, Mozarttaler her: Keine essbare Devotionalie hat einen solchen Erfolg wie die Mozartkugel. Über 100 Millionen dieser mit Schokolade überzogenen Nougat- und Marzipanbällchen werden jedes Jahr verkauft. In Salzburg und Umgebung bemühen sich gleich mehrere Hersteller darum, dass möglichst viele Touristen mit *ihrer Kugel* zurück in die Heimat fahren. Die „Mutter aller Kugeln“ gibt es im Café von Konditormeister Norbert Fürst (Alter Markt / Brodgasse 13). Hier geht's auffallend unmozartlich zu. Weder riesenhafte Notenschlüssel, noch Geigen werben für die „Original Salzburger Mozartkugel“, die Norbert Fürsts Urgroßvater Paul 1890 kreierte. „Ich finde es nicht angebracht, ständig auf den großen Namensgeber hinzuweisen“, sagt Fürst. „Unsere Mozartkugel ist eine Praline und kein Souvenir, welches man an sonnenbeschienenen Verkaufsständen anbieten kann.“ Das Fürst heute nicht der alleinige Anbieter der Mozartkugeln ist, liegt übrigens daran, dass sein Urgroßvater es versäumte, sein Rezept schützen zu lassen.

fügt hinzu: „Nur, dass sonntags die Geschäfte geschlossen sind, finde ich nicht so gut."

Als Wolfgang langsam erwachsen wurde, beschloss sein Vater, dass die Kinder nun nicht mehr „wie die Soldaten [...] unter einander" im selben Zimmer schlafen sollten. 1773 ließ die Familie sich auf der anderen Seite der Salzach nieder, keine 200 Meter vom heutigen Mozarteum entfernt. Damals muss diese Wohnlage im Gegensatz zur Betriebsamkeit der Altstadt paradiesisch ruhig gewesen sein. Diese Ruhe hat sich, im Vergleich zu Mozarts Geburtshaus, bis heute erhalten.

Besonders im geräumigen Tanzmeistersaal lassen sich die Besucher Zeit, um die historischen Musikinstrumente zu betrachten. Ein Audioguide gibt einen kurzen Eindruck von ihrem Klang, wobei auch Werke zu hören sind, die Mozart hier komponierte, wie das „Lodron-Klavierkonzert" (siehe Seite 37). Das „Jeunehomme-Klavierkonzert" und Teile der Oper „Idomeneo" entstanden ebenfalls in diesem Räumen. Doch dies war auch der Ort, an dem Leopold und Nannerl 1778 erfuhren, dass die Mutter, die Wolfgang nach Paris begleitet hatte, an der Seine verstorben war. Und es war die Zeit, in der Mozarts Unmut über seine Arbeitsbedingungen immer weiter wuchs.

Als Mozart im November 1780 nach München reiste, um die Uraufführung von „Idomeneo" vorzubereiten, wusste er noch nicht, dass er nicht nach Salzburg zurückkehren sollte. Nach der Uraufführung Anfang 1781, die nicht so erfolgreich verlief, dass Mozart auf einen Folgeauftrag hoffen konnte, reist er von München nach Wien, um seinen Dienstherrn Colloredo zu dessen Antrittsbesuch bei „Reformkaiser" Joseph II. zu begleiten. Joseph II. war ein großer Musikliebhaber, der allein zu seiner Hochzeit zwei Opern aufführen ließ.

Der aufgeklärte Monarch betrieb einen energischen Kampf gegen das hierarchische Denken. Diese Tatsache sowie die Musikbegeisterung, die in Wien von den Adelsfamilien bis in die untersten Schichten reichte, bestärkte Mozart in der Hoffnung, in Wien endlich das Leben als freischaffender Künstler führen zu können, von dem er schon in München träumte. Als es im Mai 1781 zum Streit mit Colloredo kommt, setzt Mozart alles auf eine Karte: Er bleibt in Wien.

Ziemlich genau sechzig Jahre nach diesem Abschied feierte Salzburg 1842 die Einweihung von Ludwig von Schwanthalers Mozartdenkmal auf dem Mozartplatz steht. Schon damals begann mit Mozartwein und Mozarttorte die Vermarktung des Meisters. Die Mozartkugel gibt es bereits seit 1890 (siehe Seite xx). Aber sollte man solchen Souvenirs wirklich Geringschätzung entgegen bringen? Ihr Erfolg ist doch der beste Beweis dafür, dass die Kraft der Musik Mozarts so groß ist, dass allein sein Name die profansten Dinge zu Devotionalien erheben kann.

Es gibt keinen Ort, an dem die Ausstrahlung von Mozarts Musik so spürbar ist wie im Salzburger Dom. Gleich links, im nördlichen Seitenschiff, steht das von Löwen getragene Bronzebecken, in dem Mozart getauft wurde, und im Dom wurden auch seine Eltern getraut. Ein großer Teil seiner Kirchenmusik erklang hier zum ersten Mal. Es reicht, sich auf einer der Kirchenbänke niederzulassen, um im Geiste Mozarts Musik hören zu können, sich vorzustellen, dass jeden Moment die große Orgel erklingen könnte, an der einst ein Hoforganist namens Mozart seinen Dienst verrichtete. Selbst der Tourist mit der piepsenden Digitalkamera kann die Stimmung nicht zerstören. Durch die Ostfenster fällt das Abendlicht in den barocken Kirchenraum. Der genius loci hat über die Mozartkugel gesiegt.

Kristof Magnusson, *Jahrgang 1976, verkleidete sich schon beim Kinderfasching als Mozart, und das Genie ließ ihn auch bei seiner Ausbildung zum Kirchenmusiker nicht los. Heute lebt Magnusson als Autor in Berlin. Zuletzt erschien von ihm der Roman „Zuhause".* □

Kinder eines Genies

Mit Constanze Weber hatte Mozart sechs Kinder. Vier starben früh, nur Carl Thomas (1784-1858) und Franz Xaver Wolfgang (1791-1844) erreichten das Erwachsenenalter. Franz Xaver wurde in Wien als Musiker u. a. von Salieri und Hummel ausgebildet. Den Anforderungen, die an „Mozarts Sohn" gestellt wurden, konnte er (natürlich) nicht gerecht werden. Die meiste Zeit seines Lebens verbrachte er als Musiklehrer in Lemberg. Carl Thomas absolvierte eine Kaufmannslehre und arbeitete als Finanzbeamter in Mailand, wo er auch starb. Beide Brüder blieben kinderlos.

Das frühe Ende

Um Mozarts Tod (im Alter von 35 Jahren am 5. Dezember 1791) ranken sich Verschwörungstheorien und Geheimnisse. So werden u.a. sein Rivale Salieri und sein Schüler Süßmayr als Mörder Mozarts verdächtigt. Auch der freimaurerische Illuminatenorden spukt durch die Mordtheorien. Als am wahrscheinlichsten gilt unter Experten, dass Mozart Opfer eines ganz profanen rheumatischen Fiebers wurde. Ohne Antibiotika starben Erkrankte damals an ihrer eigenen Immunreaktion.

Das bekannte Aquarell der drei musizierenden Mozarts, 1763 in Paris entstanden, sollte ursprünglich nur als Vorlage für einen Kupferstich dienen, den Vater Leopold zur Werbung für Konzerte und zur Promotion für seine Wunderkinder Wolferl und Nannerl einsetzen wollte

Ein Familien-Trio macht Furore

Das musikalische Mädchen und der Wunderknirps am Klavier – um frühen Erfolg seiner Kinder zu inszenieren, nutzte Vater Mozart auch die Mittel modernen Marketings

Wolfgang spielt Klavier; ich stehe hinter seinem Sessel und spiele Violine, und die Nannerl lehnt sich auf das Klavier mit einem Arme; mit dem andern hält sie Musikalien, als sänge sie." So beschreibt Vater Leopold ein Aquarell, das Louis de Carmontelle von ihm und den Kindern gemalt hat. Am 18. November 1763 war der Salzburger Kapellmeister Mozart mit dem Sieben- und der Zwölfjährigen auf Europareise sechsspännig in Paris eingefahren. Wenn man schon Wunderkinder hat, dann sollte die Welt davon auch allerorten erfahren und sie bejubeln dürfen, gegen Gage, versteht sich. Vater Leopold. Mozart hatte das Empfehlungsschreiben einer Frankfurter Kaufmannsgattin an Melchior von Grimm im Koffer. Der frankophile Baron lebte seit 1749 an der Seine und verkehrte am Hof. Er war auf Anhieb vernarrt in die hochmusikalischen Milchgesichter. Wo immer sie der Protektion bedurften, hatte er seine vermittelnde Hand im Spiel. Grimm sorgte dafür, dass ein Kupferstecher das Aquarell der musizierenden Familie in eine reproduzierbare Vorlage für Konzertflyer verwandelte. Vater Mozart setzte den Kupferstich zur Werbung ein. Grimm hat illustre Auftritte arrangiert, dafür einmal „320 Billets abgesetzt und noch die Beleuchtung mit Wachskerzen bestritten". Und nach sechs Wochen verschaffte Grimm den Salzburgern Entree in Versailles: König Ludwig XV. lud die Mozarts zum Neujahrsdiner. Das kleine Wolferl erwies sich dabei als unbekümmerter Unterhaltungskünstler, der Ihrer Majestät der Königin einen Handkuss nach dem anderen aufschmatzte. Die Musizier-Einnahmen waren allerdings mau, gerade mal zwölf Louisdors, vermeldet Vater Leopold. Dafür ließ sich der Hof nicht lumpen mit Geschenken für die Geschwister Mozart: Der Knirps bekam eine goldene Tabakdose von Madame de Tessé, Nannerl ein „Zahnstocherbüchsel". Wie zum Gegengeschäft wurden der Comtesse vier Sonaten des virtuosen Sprösslings zugeeignet, die Widmung hatte huldigungsreich Baron von Grimm komponiert.

Nachdem Wolfgang im Februar 1764 noch schwer mit einer Mandelentzündung daniedergelegen und der Vater den Kleinen mit krampflösendem „Pulvis antispasmodicus Hallensis" traktiert hatte, brachen die Mozarts im April 1764 Richtung England auf. Im Gepäck: Handzettel mit ihrem in Kupfer gestochenen Konterfei, schmeichelhafte Empfehlungsschreiben und jede Menge Sehnsucht nach dem großen Ruhm. □

Zum Schenken
und selber genießen
Reber
Spezialitäten
hochfeine Confiserien
seit 1865 im Familienbesitz
Viva! MOZART 250 JAHRE
GEBURTSTAGS-AUSSTELLUNG
MOZART 2006 • SALZBURG
GENERALSPONSOR REBER
Mozart Kugeln
DIE ECHTEN REBER MOZART-KUGELN®
allerfeinst
gefüllt mit Pistazien-
Marzipan aus frischen grünen
istazien, Mandeln und Haselnuss-Nougat,
umhüllt mit edler Praliné-Chocolade
DIE ECHTEN REBER ®
Mozart Kugeln
echt. klassisch.
www.reber.com

Rom des Nordens

In Salzburg lenkten Bischöfe den Staat

Das Jahrtausend des Salzburger Landes Text: Benno Stieber

Einen solchen Dom hatte man nördlich der Alpen noch nicht gesehen. Eine dreischiffige Basilika, 304 Fuß lang und 152 Fuß breit, der Chor in Form eines Kleeblatts. Der Dom von Iuvavum, so die römische Bezeichnung für die Siedlung an der Salzach, ragt hoch aus den Holzhütten des Voralpenlandes heraus. Er ist größer als die Basilika Saint-Denis in Paris.

Im September 774 wird die Kathedrale geweiht, die Gebeine des „Salzbischofs" Rupert werden feierlich in der Krypta bestattet. Ein Hofdichter Karls des Großen preist angesichts des Gotteshauses: „Dieses berühmte Gebäude, das Du, Leser, bei der Ankunft siehst, Virgil ließ es bauen, von der Liebe zu Gott geführt".

Virgil, irischer Mönch und Bischof von Salzburg, muss ein beeindruckender Mann sein. Ein großer Denker und Gelehrter, der das Vertrauen der mächtigsten Männer seiner Zeit genießt. Er legt den Grundstein dafür, dass „Salzpurch", wie die Siedlung in dieser Zeit zum ersten Mal genannt wird, zum wohlhabenden Handels- und Kulturzentrum aufsteigt. Von hier aus treibt der Missionar die Bekehrung des östlichen Frankenreichs voran.

Auf die Bischofswürde muss Virgil lange warten. Denn er, der Gelehrte, der sich für Astronomie und Mathematik interessierte, streitet mit seinem Dienstherren zwar nicht über Gott, aber über die Welt. Virgil vertrete die absurde These, die Erde sei eine Kugel, meldet Bonifatius, der fanatische „Apostel der Deutschen", empört nach Rom.

15 Jahre nach Virgils Tod, im Jahr 798, erhebt Karl der Große die Stadt zum Erzbistum. Jetzt beginnt der Aufstieg zum mächtigen Kirchenstaat, zum „Rom des Nordens". Noch Mitte des 19. Jahrhunderts nennt Papst Pius IX. den Erzbischof von Salzburg „einen halben Papst, der selbst Bischöfe ernennen kann". Das Erzbistum macht über Jahrhunderte hinweg geschickt Politik zwischen weltlichen und kirchlichen Mächten.

Salzburgs Macht liegt in der Diplomatie. Bei den Auseinandersetzungen zwischen Papst und Kaiser um die Einsetzung der Bischöfe ziehen die Salzburger Bischöfe im Hintergrund die Fäden. Ihre Ländereien sind allerdings zersplittert. Der Besitz des Salzburger Erzbistums besteht nur aus einzelnen Gütern, die von Regensburg bis Friaul, von Augsburg bis an die kroatische Küste verteilt sind, aber kein geschlossenes Territorium ergeben.

Erst Bischof Eberhard II. erreicht im 14. Jahrhundert durch Zukäufe von Grafschaften und Gerichtsbezirken, dass der Salzburger Machtbereich zusammenwächst. Doch noch mag keiner vom „Salzburger Land" reden, denn das Bistum gehört zum Herzogtum Bayern. Erst 1328 gibt es sich eine eigene Landesordnung.

Jetzt herrscht der Erzbischof von Salzburg wie ein weltlicher Fürst. Vom Kaiser erhält er das Recht zur Münzprägung, zur Erhebung von Zöllen und Steuern, und er hat die Hoheit über die Gerichte. Am Ende des 14. Jahrhunderts erreicht das Salzburger Land seine größte Ausdehnung. Es erstreckt sich jetzt von Zell am Ziller im Westen bis Tamsweg im Osten, von Tittmoning im Norden bis Windisch-Matrei im Süden. Über 400 Jahre lang steht dieses Territorium, das ein Drittel größer ist als das heutige Bundesland, unter der Herrschaft der Fürstbischöfe.

Der wichtigste Besitz Salzburgs sind die Salinen am Dürrnberg. Denn der Wohlstand des Erzbistums ist auf Salz gebaut. Das weiße Gold war schon von den Kelten in Stollen abgebaut worden und hatte der Region 500 vor Christus zu einer ersten Blüte verholfen. Salz war das wichtigste Konservierungsmittel und deshalb so wertvoll. Im 16. Jahrhundert werden am Dürrnberg jährlich 30 000 Tonnen Salz gefördert, doppelt so viel wie in allen übrigen Salinen der Ostalpen zusammen.

Doch die Konkurrenz auf dem Salzmarkt liegt direkt vor der Haustür, im Salzkammergut. In Hallstadt und Gosau, später auch in Ischl, bauen die Habsburger Salz in großen Mengen ab. Noch stärker ist die bayerische Konkurrenz mit Reichenhall und Berchtesgaden im Westen. Immer wieder kommt es zu Grenzscharmützeln zwischen den Konkurrenten.

Salzburg behält lange die Nase vorn. Die Salzach erweist sich als Standortvorteil. Überwiegend auf dem Wasserweg wird Salz bis Böhmen und Mähren geliefert, während die Bayern ihre Ware nur über das Gebiet Salzburgs ausführen können. 1611 greifen Salzburger Truppen Berchtesgaden an, um den Bayern die dortige Salzproduktion zu entreißen. Der Angriff scheitert; im Gegenzug besetzen bayerische Soldaten Salzburg. Das Monopol des klerikalen Staates ist gebrochen.

Trotzdem verehren die Salzburger bis heute am meisten den Bischof, der den Befehl zu diesem Krieg gab, der den Niedergang des Kirchenstaates einleitete: Wolf Dietrich von Raitenau, eingegangen in die Geschichte als tragische Figur und Vater des barocken Salzburg. Er liebt elegante Bau-

Sie brachten noch einmal Glanz ins Land: Kaiser Franz Joseph und Sissy. Das Porzellangemälde von 1853 zeigt das Traumpaar des 19. Jahrhunderts während der Verlobungszeit

werke im Stil der Zeit – und er liebt eine Bürgerliche. Mit Salome Alt hat er 15 Kinder, für sie lässt er Schloss Mirabell bauen. Insgesamt über 70 Gebäude, darunter auch der Dom und die Residenz, werden in seinem Auftrag errichtet, die meisten davon erst nach seinem Tod vollendet.

Der prunksüchtige Bischof endet im Verlies auf der Festung Hohensalzburg. Bewacht von seinem eigenen Vetter, den die Bayern nach der Besetzung als Nachfolger eingesetzt haben. In die Kerkerwand soll Wolf Dietrich kurz vor seinem Tod geritzt haben: „Damit ward ich betrogen, ich tat recht und ward verlogen, Lieb ist Leydes Anfang, über kurz oder über lang."

Im Dreißigjährigen Krieg bleibt Salzburg von Zerstörung verschont. Während halb Mitteleuropa in Schutt und Asche liegt, ist das Salzburger Land eine „wehrhafte Friedensinsel". Mitten im Krieg feiert die Stadt die Weihe des neuen Doms; als die schwedischen Truppen vor München stehen, gewährt Salzburg dem Kurfürsten von Bayern Asyl. Dennoch fordert der Krieg seinen Tribut. Schon der Ausbau der Befestigungsanlagen zum Schutz gegen drohende Angriffe hat ein großes Loch in die Staatskasse gerissen. Und ausgerechnet der bayerische Kurfürst Maximilian, der in Salzburg zweimal Schutz gefunden hatte, treibt vom Erzbistum hunderttausende Gulden als Kriegskostenbeteiligung ein.

Die Neutralität im großen Religionskrieg hindert Salzburg nicht daran, gegen Protestanten auf dem eigenen Staatsgebiet mitleidlos vorzugehen. Bereits im frühen 17. Jahrhundert müssen wohlhabende Bürger und Kaufleute Salzburg verlassen, weil sie sich vom Protestantismus nicht lossagen wollen. Doch in den Gebirgstälern blühen weiter verschiedene Richtungen des evangelischen Glaubens. Zur großen Vertreibung von Protestanten kommt es 1731/32. Zehntausende müssen das Land verlassen. Noch 1837 erlebt das Land eine letzte Protestantenvertreibung.

Im Zeitalter der Aufklärung hat sich der Kirchenstaat längst überlebt. Ohne nennenswerte eigene Truppen wird Salzburg zum Spielball zwischen den europäischen Fronten. Im Österreichischen Erbfolgekrieg plündern erst bayerische, dann österreichische Truppen die Stadt. Die Franzosen, auch sie bedienten sich großzügig bei den Kunstschätzen, beenden 1803 die Herrschaft der Bischöfe unter dem Mönchsberg. Salzburg wird säkularisiert. Die Bevölkerung des gebeutelten Landes hat allerdings andere Sorgen, das Land ist nach den Kriegsjahren bitterarm. So wird 1812 der Tod des letzten Fürstbischofs im Exil, wie ein Chronist bemerkt, „vom Volk ohne Trauer zur Kenntnis genommen".

Bei der Neuordnung Europas nach den Napoleonischen Kriegen fällt Salzburg mal an Österreich, mal an Bayern, bis es 1816 nach dem Wiener Kongress dem Habsburgerreich einverleibt wird. Die Einwohnerzahl sinkt in dieser Zeit stetig. Franz Schubert schreibt 1825 nach einem Besuch: „Auf den Plätzen, deren es viele und schöne gibt, wächst zwischen den Pflastersteinen Gras, so wenig werden sie betreten". Während in England und Deutschland die Schlote zu rauchen beginnen, geht die Industrialisierung am Salzburger Land lange fast spurlos vorbei. Erst die Mozart-Verehrung und der aufkommende Tourismus in der Mitte des Jahrhunderts bringt wieder zunehmend Wohlstand.

Doch mit der weltpolitischen Bedeutung ist es vorbei. Die Welt schaut jetzt auf einen kleinen Kurort nur ein paar Kilometer östlich. 1853 verlobt sich der junge Kaiser Franz Joseph in Bad Ischl mit seiner 15-jährigen Cousine Elisabeth, einer Prinzessin aus dem bayerischen Haus Wittelsbach. Sissy und Franz, zum Traumpaar verklärt, sind wohl neben Mozart bis heute die wichtigsten Werbeträger der Region. Unter der Regierung Kaiser Franz Josephs wird der Kurort Ischl in den Sommermonaten zur Hauptstadt Österreich-Ungarns. Zwischen Wolfgangsee und Dachstein erscheint der unaufhaltsame Zerfall der Donaumonarchie in mildem Licht.

Am 28. Juli 1914, nach dem Anschlag auf seinen Thronfolger Franz Ferdinand in Sarajevo, unterschreibt der alte Kaiser in seiner Villa hoch über Bad Ischl gleichsam die Selbstauflösung der Monarchie. Mit dem Aufruf „An meine Völker" beginnt der Erste Weltkrieg. □

>> Das Salz in der Suppe

Wege zu Anmut und Übermut

Foto: Peter Rigaud

Dem großen Stadt-Theater und der Diktatur des Barock kann hier niemand entkommen. Doch wo österreichischer Charme und die Leichtigkeit des Südens aufeinander treffen, gibt es Freiräume vielerlei Art. Sie sind unverzichtbar für das Salzburger Lebensgefühl

Auf der Terrasse des Stieglkellers können sich die Gäste wie in der Hofloge eines Theaters fühlen. Vor ihren Augen inszenieren sich Kuppel und Türme von Dom, Franziskaner- (Mitte) und Peterskirche (links)

In der Hofmarstallschwemme (erbaut 1695) wurden die Pferde gebadet, nach der Rosskur ging's gestriegelt in den Stall

>> Eine Tour zum Wiehern

Mit Lucy, Paula und Victoria

Nein, sie könne nicht reiten, gesteht Victoria Hötzer, und überhaupt seien ihr Kühe viel lieber als Pferde: „Die sind nicht so stur." Die 20-jährige Studentin der Veterinärmedizin, die eigentlich am Mozarteum Geige studieren wollte, streichelt dabei den stämmigen Stuten Lucy und Paula, die geduldig auf dem Residenzplatz warten, über die Blessen. Sie hat zu den Tieren mit der Zeit doch eine Freundschaftsbeziehung aufgebaut, schließlich verbringt man den ganzen Tag miteinander. Victoria ist in den Semesterferien Fiakerkutscherin.

Die meisten der 35 Frauen und Männer, die in Wechselschichten von morgens bis oft in die Nacht hinein Touristen durch die engen Gassen Salzburgs kutschieren, sind fest angestellt bei einem der fünf Fuhrunternehmen, die zusammen über 80 Kutschpferde verfügen und sich die 14 Fiaker-Standplätze teilen. Geregelt ist das immer noch lukrative Geschäft (eine 25-minütige Fahrt kostet 33 Euro) in Salzburg streng und gerecht. Und es gibt einen bedeutenden Unterschied zur Hauptstadt: In Wien müssen die Tiere inzwischen Windeln tragen, während an der Salzach die „Wegmacher" (mit langem „e"!) immer noch auf ihren Fahrrädern den Pferdeäpfeln auf der Spur sind.

Charly ist so ein Wegmacher, und für Victoria, die gerade von eher seltsamen Sightseeing-Wünschen mancher Kunden erzählt („Zum Goldenen Dachl, bitte!"), holt er vom nahen „Tomaselli" schon mal gern einen heißen Kaffee im Pappbecher, den das ehrwürdige Traditionshaus auf diese Art natürlich nur an die Stammkunden verkauft.

Die Salzburger Kutschertruppe scheint eine verschworene Gemeinschaft zu sein, in der Konkurrenzkampf ein Fremdwort ist: Jeder kommt mal dran mit einer Tour, nach einem ganz bestimmten, allerdings nur schwer zu durchschauenden System. Und so stehen sie geduldig in ihrer Dienstkleidung (schwarze Hose, Gilet, Janker und Hut sind Pflicht) neben den Kutschen: „Ein Job für die Ewigkeit", sagt beneidenswert zufrieden ein Kollege von Victoria.

Die kann sich zwar nicht vorstellen, ihr ganzes Arbeitsleben auf dem Kutschbock zu verbringen, ins Schwärmen gerät die gebürtige Salzburgerin aber schon, und die Augen in ihrem Sommersprossengesicht bekommen einen Glanz: „Am schönsten ist es, wenn die Fahrgäste mal hinaus wollen aus der Stadt, nach Hellbrunn oder Leopoldskron. Auf den langen Alleen freuen sich auch die Pferde so richtig über den Auslauf und wiehern in einer Tour. Und ich fühl' mich bei diesen Fahrten zu den Schlössern wie zurückversetzt in Kaisers Zeiten."

Bernd Noack

Durch die Dombögen
zum Residenzplatz.
Dort warten Fahrgäste
auf das Gespann
von Victoria Hötzer

Foto: Peter Rigaud

>> Alles außer Mirabellen

Harmonie der Geometrie im Schlosspark

Der barocke Mirabellgarten ist mit den Marmorstatuen, bunten Beeten, Springbrunnen, Hecken und Irrgärten eine Oase in der Stadt

Salzburgs fünfte Jahreszeit heißt Festspielzeit. Im Juli und August kommen mehr als 200 000 Gäste in die Stadt und zu den Vorstellungen der 20 Salzburger Bühnen. Für die Gäste wird im Festhaus-Foyer letzte Hand angelegt

>>Jedermann ist in Gefahr

Über den Terror des Festspieltages

Ausnahmezustand. Okkupationszeit. Der kratzige Ruf vom Kirchturm klingt wie verzweifelter, letzter Alarm. Jedermann ist jetzt in Gefahr, keiner kann entkommen. Die Einheimischen verschanzen sich hinter den Felsfenstern. Selbst die längst zum Stadtbild gehörenden Japaner ziehen sich irritiert hinter ihre Digitalkameras zurück. Wenn die „so genannten Festspiele" (Thomas Bernhard) über Salzburg kommen wie der Tod auf dem Domplatz über den eitlen Sünder, verwandelt sich die barock-beschauliche Kleinstadt in einen im sündteuren und geschmacksarmen Landhausstil brodelnden Jahrmarkt imponierender und importierter Eitelkeiten.

Eine Stadt ergibt sich kampflos der Hochkultur und deren bekannt-berüchtigten niederen Begleiterscheinungen. Ein ganz normaler Festspielalltag: Schon am Nachmittag fegen wallende Roben verschreckte Touristen von den Gehsteigen; auf dem „Salzburg Airport W.A. Mozart" landen Privatjets im Dreivierteltakt; rund um den „Goldenen Hirsch" beginnt ein prozessionsähnlicher Tanz selbst gekrönter Titelbild-Häupter; der Makartsteg vibriert vor Zauberflötentönen, während die Salzach bunte Schnürlregen-Fontänen gen Himmel spuckt.

Der Max-Reinhardt-Platz steht unter Champagnerkorken-Dauerbeschuss; am Karajanplatz formiert sich ein schütterer (verbotener) Demonstrationszug, auf Transparenten steht „Die Kunst ist eine erhabene und zum Fanatismus verpflichtende Mission", die aktuelle Politik hält sich da raus und am bewährten Freikartensystem fest; hinter mozartkugelsicheren Absperrgittern vor dem Festspielhaus werden ohnmächtige Schaulustige von schaffnerlosen Fiakerpferden zertrampelt, derweil sich die zahlungskräftige Prominenz auf dem roten Teppich netrebkofiebrig bei La-Traviata-Wellen in den Armani-Armen liegt; Selbstmörder stürzen sich vom Mönchsberg koloraturjodelnd auf die Bühne der Felsenreitschule und mittenrein in irgendeinen allerletzten Opernakt; in der Pferdeschwemme führen sich badend ebenso hoffnungs- wie hemmungslose Nachwuchstalente auf, als wär' es der Trevibrunnen; am Eingang zur viel zu engen Steingasse bleiben Stretchlimousinen auf ihrem Weg zum rot beleuchteten „Maison de Plaisir" stecken wie weiland die Panzer der amerikanischen Befreier; gemeine, das festliche Stadtbild störende Tagesgäste in kurzen Hosen werden bei Almdudler und Nockerl für vier Wochen im Mirabellgarten eingesperrt; der zukünftige Intendant und erklärte Fußballfachmann Jürgen Flimm lässt auf der Pernerinsel die Spieler von „Red Bull Salzburg" auflaufen; im Mozarteum springt einer Studentin aus Fernost mit einem entfernten Laut wie vom Himmel „ersterbend, traurig" eine Saite ihrer Geige; im Landestheater erlischt endlich die Notbeleuchtung…

Überleben lässt sich diese fünfte Jahreszeit nur im Kaffeehaus. Wenn man einen Stammplatz ergattert und sich das Wohlwollen der wichtigsten Ober („Tages-Wolfgang" und „Abend-Wolfgang") im „Café Bazar" erworben hat, ist die Chance, die Festspiele mitten in Salzburg unbeschadet zu überstehen, relativ groß. Ein schlechtes Gewissen braucht man dabei nicht zu haben, schließlich schrieb schon der Dichter Anton Kuh: „Die Festspiele sind der Umweg – das ‚Bazar' ist der Zweck." *Bernd Noack*

>>Hier bleibt nichts geheim

In der Steingasse lebt Salzburgs Seele

Sechshundert Meter ist die Steingasse lang, 63 Häuser säumen ihren Verlauf. An manchen Stellen schmiegt sie sich so eng an den Kapuzinerberg, dass für ein Gebäude überhaupt kein Platz mehr bleibt. Dann schimmert das blanke schroffe Felsgestein zwischen zwei Hauswänden hervor. Deshalb ist es hier auch so angenehm kühl im Sommer, im Winter dagegen sorgt der konstant 15 Grad warme Felsen für ein fast wohliges „Klima". Eng ist die Steingasse, so wie es sich für eine Gasse gehört, gerade breit genug für Fußgänger und Radfahrer; die Hände könnte man sich reichen von einem Fenster zum anderen über das brüchige Weg-Pflaster hinweg.

Zwischen den hohen, mittelalterlichen Fassaden scheinen die Stimmen der Passanten stecken zu bleiben: nichts dringt hier nach außen in die Stadt. Und drinnen bleibt nichts geheim. Nachts kann man noch erschrecken vor dem Hall der eigenen Schritte, vor dem eigenen Schatten, der aus einem dumpf beleuchteten Torborgen hervorzuhuschen scheint.

Die Steingasse auf der Seite der Inneren Stadt ist der wohl unbekannteste öffentliche Raum in Salzburg – und der schönste, sonderbarste, wahrhaftigste! So wie diese Gasse müssen alle Gassen der Stadt ausgesehen haben, bevor man sie mit Licht und Reklame tapezierte, sie herausputzte bis zur Unkenntlichkeit. So wie hier lebte man schon vor Jahrhunderten: auf engstem Raum, geborgen wohl, aber auch ohne die Chance auf Wahrung des Privaten. Geheimnisvoll ist es hier nur für Fremde, die wie Eindringlinge argwöhnisch mit stummen Blicken verfolgt werden.

Erzwungene, überlebensnotwendige Nachbarschaft. Und deshalb gab (und gibt) es hier alles, was die Stadt erst zur Stadt macht: Wand an dünner Wand die zahllosen Familien, Geschrei der Kinder, Klatsch und Zank der Alten – Lärmpegel ohne Sperrstunde. Dicht an dicht dunkle Wirtshäuser und staubige Werkstätten, kleine Läden für den Alltagskram neben einem verwinkelten Antiquariat; bis vor kurzem gab's hier auch noch einen Metzger. Nur zwei Eingänge weiter warten wie eh und je die müden Huren für die Fleischeslust. Die verlogenen glitzernden Eitelkeiten mag man auf der linken Salzach-Seite pflegen, mag sich dort pikieren und generieren; hier, im Schatten und Schutz des Kapuzinerberges, verschanzt man sich lieber hinter einer ehrlicheren ironischen Melancholie, hier muss man sich weder verstellen noch genieren.

Apropos Ironie: „Die Zukunft hat schon begonnen", warnte und mahnte einst der Wissenschaftler Robert Jungk; „die Vergangenheit hört nicht auf", fällt einem beim Gang durch die Steingasse ein. Und dann bleibt man vor dem Haus Nummer 31 kurz stehen und schmunzelt vielleicht: Hier wohnte der „Zukunftsforscher" Jungk – 24 Jahre lang. *Bernd Noack*

>>Augustins Schlaraffenland

Die schönste Kneipe ist ein Kloster

Der beliebten Salzburger Freizeitbeschäftigung „gemma ins Bräustübl" frönte schon der junge Thomas Bernhard: „Hier trifft sich das Volk, hier offenbart es die Seele", notierte er über Salzburgs wohl berühmteste Wirtshausbrauerei. Daran hat sich nichts geändert – und auch nicht am Müllner Augustiner-Bräustübl selbst: Wie in einer Kuranstalt stellt man sich heute wie damals ab drei Uhr nachmittags mit dem Steinkrug – Halbliter oder Maß – beim Brunnen an, um ihn mit klarem Wasser auszuspülen. Gezapft wird das Bier aus Eichenfässern, deren Inhalt fast nur in der hauseigenen Schank verkauft wird.

Der Biergarten des Augustiner-Bräustübls spendet mal Sonne, mal Schatten, aber stets eine Maß

1621 begannen die in Salzburg ansässigen Augustinermönche, Bier zu brauen: nicht nur für den eigenen Gebrauch, sondern auch zum Wohl derer, die außerhalb der Klostermauern lebten. 1835 übernahmen Benediktiner aus dem nahen Michaelbeuern das Kloster und führten die Brauerei weiter. Bis heute erfolgreich: Mit 2500 Sitzplätzen in vier Sälen, drei Stüberln und dem riesigen Gastgarten leitet der Abt von Michaelbeuern noch heute die größte Schank Österreichs.

Obwohl dank der vielen Parkplätze die meisten Besucher das Bräustübl durch den Gastgarten betreten, führt der empfehlenswertere Haupteingang durch die Augustinergasse: Auf der prunkvollen Stiege des Klosters, unter zwei Heiligenstatuen, wallen einem schon die Düfte von frisch gebrautem Bier, Brezen, Salaten und Schnitzeln entgegen, die nebst frischem Bierrettich im „Standlgang" mit seinen Verkaufsständen angeboten werden.

Erst dann betritt man die Säle. Obacht – nicht überall, wo ein Platz am Tisch frei ist, darf man sich auch niederlassen. Die schönsten Tische sind fest in den Händen der Stammtischgesellschaften. Der wichtigste ist der „Hahnbaum" im Stockhammersaal; hat man das Glück, einer der Stammtischgesellschaften anzugehören, die sich „am Hahnbaum" treffen, sitzt (und säuft) man dort erhöht wie ein König über all den anderen, einfachen Zechern.

Demokratischer geht es im Garten zu: Unter den alten Kastanienbäumen kann jeder sitzen, wo er mag. Am besten besucht ist der Gastgarten, sagt Braumeister Christian Spatzenegger, wenn die Wolken eines Sonntagvormittags sich gegen Mittag verziehen und die Salzburger ein Stück Grün in der Stadt genießen wollen. Und natürlich auch das Märzenbier, das ganzjährig ausgeschenkt wird. Zu besonderen Zeiten werden auch Bock- und Fastenbier gebraut. Die schlauen Mönche hielten sich nämlich einst an die Regel „Flüssiges Brot bricht Fasten nicht" und brauten sich in Fastenmonaten ein gehaltvolleres Bier. Bis heute ist das flüssige Brot im Bräustübl nie versiegt. Das wusste auch Thomas Bernhard zu schätzen, als er schrieb: „Es rinnt das Bier ununterbrochen wie im Schlaraffenland." *Christian Eder*

>>Am seidenen Faden

Wo Marionetten zu Mozart tanzen

Kasperl tritt ja nur noch zu besonderen Anlässen auf", sagt Gretl Aicher. Die alte Dame sitzt in ihrem Büro zwischen Landestheater und Mozarteum und denkt etwas wehmütig an die Zeit, als der verschmitzte geschnitzte Kerl noch der Star auf der Bühne war: ein Volksheld, einer, der sich traute, das Maul aufzumachen – auch wenn er doch eigentlich stumm war.

Kasperl war jahrzehntelang die Hauptfigur des Salzburger Marionettentheaters, doch jetzt hängt er in einer Glasvitrine im Foyer. Schlechte Zeiten für kluge Hanswurste? Solche Figuren seien heute nicht mehr so gefragt, erklärt die Enkelin des Salzburger Bildhauers Anton Aicher, der sich vor mehr als 90 Jahren seinen Kindheitstraum von der Puppenbühne erfüllte. Sie zählt heute zu den renommiertesten in der Welt.

Gretl Aicher ist die Prinzipalin der nur gering subventionierten Institution, die sich längst aufs publikumswirksamere Opernfach verlegt hat. Touristen machen den größten Zuschaueranteil aus. Vier Mozart-Werke sind im Programm, wobei die „Zauberflöte" in der Inszenierung von 1952 der Kassenschlager ist. Zwar kommt die Musik seit den fünfziger Jahren vom Band, die Bewegungen der Figuren an den seidenen Fäden aber sind immer noch so verblüffend grazil und exakt wie eh und je. Regisseure sagen schon mal mit einem Blick hinüber zum Großen Festspielhaus: „Mit den Puppen kann man besser arbeiten, die sind nicht so blöd wie die richtigen Sänger."

Gretl Aicher, die noch beinahe jeden Abend selber diese Puppen tanzen lässt, schmunzelt über solche Sätze nicht ohne Stolz. Wenn man sie sieht im Puppenraum hinter der Bühne, wo ganze Ensembles sauber aufgereiht von der Decke herabhängen, merkt man schnell: Die Prinzipalin kennt jede einzelne Figur, weiß um ihre Eigenarten, Schrullen und Probleme, die sie tatsächlich „ausleben", wenn man sie auf der Bühne tanzen, schweben, schreiten lässt. Sie spricht mit ihnen, streicht über die feinen Kostüme und schön geformten Köpfe. Und den Papageno in seinem bunten Federnkleid nimmt sie zärtlich in die Hände und sagt fast ungläubig, als sähe sie ihn gerade zum ersten Mal: „Ist er nicht wundervoll?" □ *Bernd Noack*

Kühles Getränk an einem heißen Tag: Sennerin Burga Gschwandtl serviert ihre selbst gemachte Holunderlimonade im Gastgarten der Maurachalm

Kleines Haus vor großer Kulisse: Hinter der Bichlalm erhebt sich im Süden das mächtige Massiv der Hohen Tauern

[Im Tal der Almen

Zwischen traditioneller Landwirtschaft, strengen EU-Normen und Fremdenverkehr versuchen die Menschen auf den Almen einen Weg zum Erhalt ihrer Höfe zu finden. Das bedeutet harte Arbeit im bedrohten Bergidyll]

Text und Fotos: Stefan Becker

[Erst Heuernte, dann Jause – Betrieb vor dem Almabtrieb]

Seltenes Kleinod: Die Blüte der Berge, das geschützte Edelweiß, ist für die Bergbewohner von jeher ein Liebesbeweis

Mahlzeit: Auf der Viehausalm schätzen alle Gäste die klassische Brettl-Jause mit Brot, Speck, Wurst und Käse

„Heute ist Lifttag," sagt Sebastian Gschwandtl (24), schiebt die kleine karierte Gardine vor dem Küchen-Fenster beiseite und blinzelt hinaus in das gleißende Sonnenlicht: „Gleich werden sie kommen." Links liegen Speck und Graukäse, Würstl und Brot, all die deftigen Zutaten für eine zünftige Jause. Rechterhand liegen die gewetzten Messer und vor ihm Stunden des Schnippelns und Schneidens. An einem sonnigen Sommertag wie diesem beginnt der Sturm auf die Maurachalm (1620 Meter Höhe) schon morgens um zehn. Der Marsch von den beiden Stationen hinter dem Berg dauert eine Stunde. Doch Karl Heinz Bender und seine 50 Freunde aus Frankfurt gondeln diesmal mit Wandertaxen hinauf zur Alm – gewandert wird dann bloß vom Parkplatz zum Sitzplatz auf einer der Alm-Holzbänke. Doch dem Karl Heinz nimmt das hier niemand übel. Denn seit 45 Jahren lotst der Stammgast immer in der letzten Augustwoche einen vollen Reisebus ins „Tal der Almen".

Das eigentlich Großarltal heißt und das östlichste sowie eines der längsten Täler der Tauern ist. Bis ins 16. Jahrhundert konnte es nur über die Berge erreicht werden: Im Norden, von St. Johann kommend, führte kein Weg vorbei an der Liechtensteinklamm, im Süden blockieren seit Millionen von Jahren die mächtigen Gipfel der Hohen Tauern die Reise. Die ersten Einwanderer wählten die weniger strapaziösen Passagen im Westen und Osten, siedelten und begannen mit der Almwirtschaft, als unten im Tal noch Sumpf und Wald die Landwirtschaft behinderten. Zudem wurde hier in den Bergen nach Kupfer geschürft, zum Abtransport eine Straße ins Tal gebaut. Rund um die Grube entstand die Bergbausiedlung Hüttschlag, und Großarl mauserte sich zum Handelsplatz. Als das Erz aber ausging, fiel das Tal nach 400 Jahren wieder in seinen Dornröschenschlaf. Bis die ersten Sommerfrischler aus den Städten kamen, sahen und bergauf stiegen.

Davon erzählt der sechzigjährige Walter Mosslechner in seinem Buch „Großarltal aus vergangener Zeit".

Schwerer Korb mit leichter Kost: Senner Rupert Gruber von der Glettnalm bringt das Heu ein. In den Tälern und auf den Almen wird im Sommer zweimal gemäht, damit die Tiere im Winter genügend natürliches Kraftfutter haben

1

2

3

4

5

6

[Musikalischer Hüttenzauber: Jeder spielt ein Instrument. Oder jodelt]

Der Mann mit den kurzen grauen Haaren und den stahlblauen Augen arbeitet als Förster und ist begeisterter, kenntnisreicher Heimatkundler und Hobby-Historiker.

Das Tal hat eine bewegte Geschichte hinter sich: Nachdem im 14. Jahrhundert die Pest fast alle Bewohner dahingerafft hatte, berichtet Mooslechner im Abfahrtstempo, kamen mit dem Kupferrausch im 15. und 16. Jahrhundert zunächst bessere Zeiten. 1732 vertrieb die katholische Kirche alle Protestanten. Viele flohen nach Ostpreußen und bis ins Baltikum, ein Aderlaß, von dem sich das ganze Salzburger Land bis heute nicht erholt hat. Rund 200 Jahre später drängelten sich die Nazis nach vorn und verliehen eifrig Mütter-Orden, denn mit durchschnittlich sieben Kindern pro Familie galt das Tal als kinderreichstes im braunen Reich. Und vor zehn Jahren widerstanden die Bewohner dem Ansinnen der Bundesregierung, am Eingang des Wanderparadieses eine Deponie für Sondermüll zu bauen. Mooslechners liebstes Thema aber bleibt das einfache Leben in den Bergen, das er in seinem dokumentarischen Buch „Almsommer" beschreibt. Ein Leben, oft gezeichnet von der zerstörerischen Kraft der Natur. Ein Leben, wie es heute noch auf den Almen gelebt wird.

„Das war der totale Hammer," sagt Jungbauer Christian Hettegger (25) von der Viehhausalm, und seine roten Wangen dunkeln noch ein wenig nach, als er vom jüngsten Gewitter erzählt: „Ein Kalb ist abgestürzt und eins wurde vom Blitz erschlagen. Das ist geschehen, weil sich die Tiere ausgerechnet unter die Blitzbäume stellen und dort Schutz suchen. Dabei sind diese Lärchen fast alle gespalten und bestehen nur noch aus ein paar dürren Ästen."

Unter der Decke der Gaststube wabert der Rauch, von den Wänden grüßen gestickte Weisheiten aus alten Tagen wie „Die Ehe ist ein Übel, ein bittersüßes Joch, sie ist wie eine Zwiebel, man weint, aber isst sie doch", und im Gang musizieren Walter Mooslechner und seine Mannen, der Tausendsassa ist auch noch Volksmusikant. Hüttenzauber im Sommer. Die Musik gehört auf den Almen zur Tradition – fast jeder spielt ein Instrument. Oder singt. Oder jodelt. Wie es gerade passt.

„Sollen wir den Dreierjodler etwa zu zweit machen?", fragt Silvester Hettegger seinen Sohn Christian in trauter Runde und zieht noch schnell eine Prise Schnupftabak durch, bevor der Einsatz kommt: „Holareididudjö".

Die Gäste sind gegangen, geblieben ist die Familie und singt die klassischen Weisen: vom Edelweiß am Felsen, von der feschen Sennerin und alten Jägern. Begleitet werden die Sänger von einem nicht minder feschen und vor allem leibhaftigen Nachwuchssenner auf dem Akkordeon.

Patrick Sperz (30) arbeitet seinen ersten Sommer auf der Alm, serviert dem Jungvieh das tägliche Salz und den Wanderern ihre Wünsche. „Ich war sieben Jahre lang als Monteur selbstständig und ständig unterwegs – dazu hatte ich keine Lust mehr," erzählt er. Wenn er in seinem rotweiß karierten Hemd, kurzer Lederhose, gerollten Wollsocken und bewaffnet mit dem Hüterstab zu den Kälbchen marschiert, dann weht ein warmer Wind über die Wiesen und Weiden und schreibt Alpen-Disney in den Himmel.

An anderen Tagen jedoch bläst es den Bewohnern der Höhen kalt ins Gesicht, dann droht wieder Ungemach aus Brüssel, wenn sich findige Bürokraten neue Richtlinien ausdenken, wie etwa das EU-kompatible Jausen-Brettl. Aus Gründen der Hygiene sollte das runde Holz eigent-

1 Hausmusik: Die kräftigen Finger von Sebastian Gschwandtl zupfen mit viel Gefühl die Saiten der Zither 2 Naturnah: Die Karseggalm ist beliebter Ausflugsort für Eltern mit Kindern 3 Generationenvertrag: Jung und Alt leben und arbeiten auf der Alm – Sennerin Burga Gschwandtl mit ihren Enkeln Anna und Johannes 4 Tradition: Über der offenen Feuerstelle werden auf der Karseggalm alle Speisen inklusive Käse zubereitet 5 Glaubensbekenntnis: Das Leben in der Höhe schafft heute wie einst eine innige Bindung an himmlische Mächte 6 Feierabend: Die Kapelle von Walter Mooslechner musiziert auf der Viehhausalm

[Urlaub? „Wir halten's nirgendwo anders lange aus"]

Traumfrau: Sennerin Kathrin Andexer möchte die Alm nie mehr missen und träumt schon im Winter vom Alm-Sommer

Handarbeit: Butter, mit dem Holzmodel verziert. Almengras und Kräutern verdankt sie ihren würzigen Geschmack

lich für immer vom Tisch verschwinden und Platz machen für Plastik. Doch alpiner Protest verbannte den Entwurf in den Papierkorb.

Dafür unterliegen bald andere klassische Holzgeräte dem Bann aus Brüssel. „Die Milch für den Sauerkäse darf dann nicht mehr im Holzfass lagern und dort schon über Nacht sauer werden, was an den Bakterien im Holz liegt," sagt Anna Gruber (65). Die Sennerin der Karseggalm (1603 m) ist nun selbst sauer, weil die Milch von den vier Kühen jetzt im Plastikeimer viel zu lange frisch bleibt, und die natürliche Käseproduktion durcheinander bringt. „Da wird eine ganze Kultur ruiniert", sagt Anna Gruber, während sie die frische Butter aus dem hölzernen Butterfass holt und mit einem hölzernen Model verziert – schließlich liegt Brüssel irgendwo hinter den Bergen.

Diesen Sommer hilft Urban (15) auf der Karseggalm. Er hütet die Kühe, kümmert sich um die Ziegen, schaut nach dem Jungvieh auf der Hochalm – ein ganz normaler Ferienjob mit dem klassischen „Alm-Fernseh-Programm": „Wenn ich links aus dem Fenster schaue, habe ich das erste Programm, beim rechten Fenster das zweite."

In dieser Nacht zeigen beide Kanäle einen fantastischen Sternenhimmel, tausend weiß leuchtende Punkte auf schwarzem Grund lassen ahnen von göttlicher Größe und geben ein Gefühl von Geborgenheit im Schlafgemach aus duftendem Heu.

Doch die himmlische Ruhe währt nur kurz, denn am nächsten Morgen kommen schon früh Wanderer zum Schau-Käsen auf die Alm. Die Verwegenen kämpfen sich mit ihren Walking-Stöcken in die erste Reihe, bewundern Josef Gruber (71) beim Buttern und Anna beim Pressen des Frischkäses. Nach der Show kommen die Fragen. „Viele Leute denken ja wirklich, wir leben hier hinter dem Mond, bekommen von der Welt nichts mit und müssen uns sogar noch draußen im Brunnen waschen – dabei haben wir doch alles da: Radio, Digitalwaage und natürlich ein Mobiltelefon. Früher jauchzten die Menschen von Alm zu Alm, heute haben auch wir Handys. Und wenn wir wollen, dann sind wir in 20 Minu-

Belohnung: Kurz vor Sonnenuntergang verteilt der Jungsenner Urban Gruber unter seinen Zicklein auf der Karseggalm noch etwas Salz und ein paar Streicheleinheiten

[„Ein Sommer ohne Alm – das wäre der Wahnsinn"]

Cowboy der Alpen: Senner Patrick Sperz von der Viehhausalm sattelte um vom Monteur zum Kuhhirten – bereut hat er's nicht

ten im Tal." Aber wollen sie wirklich woanders sein, als auf ihrer Alm? „Wir waren doch schon überall," sagt der Senior-Senner, „Steiermark, Kärnten, Burgenland, Südtirol – aber nur zwei Tage, wir haltens nirgends länger aus."

Das Kleinod Karseggalm war eine der ersten Almen im Großarltal, „Karsegg" bedeutet soviel wie gerodete Fläche. Die Bauweise erinnert daran, wie die Almwirtschaft vor 400 Jahren funktionierte: Mitten in der Hütte gab es eine offene Feuerstelle, darüber hingen Kessel zum Kochen und Käsen, drum herum lagen kleine Kammern für Butter, Käse und Vorräte. Unter dem Dach schliefen die Sennerin und der Viehhüter und dort lagerte auch das Heu, Reservefutter fürs Vieh, falls ein Wetterwechsel plötzlich Eis und Schnee brachte.

Auch heutzutage bestimmt das Wetter über Güte und Menge von Käse und Butter. „Wenn es draußen kalt ist, besitzt die Milch weniger Fett und Eiweiß, weil die Tiere zum Schutz gegen die Kälte mehr für sich brauchen, entsprechend weniger Käse und Butter bleibt für uns," sagt Anna Gruber. Und die Milch gibt auch Aufschluss darüber, wie das Wetter wird: „Läuft der Kessel nach dem Putzen grau an, wird es regnen, glänzt aber das Kupfer, kommt Sonnenschein."

Bis vor kurzem hätte auch Sennerin Kathrin Andexer (25) von der Bichlalm (1731 m) mittels der alten Kessel das Wetter vorhersagen können. Doch damit sei nun Schluss, sagt sie. „Jetzt haben wir eine Geschirrspüle, was für eine Erleichterung." Den ersten kleinen Fortschritt erlebte die Bichlalm schon vor drei Jahren, als Strom die Glühbirnen glühen ließ und nicht mehr das lästige Gas. „Und wir haben einen neuen, modernen Stall gebaut, der alle EU-Normen erfüllt," erzählt ihr Bruder Sepp Andexer (23).

Wie sich jetzt die Kühe erst in ihrem neuen Zuhause zurecht finden müssen, so hatte auch die junge Sennerin anfangs Probleme. „In den ersten Jahren war es nicht so leicht, den ganzen Sommer auf der Alm zu verbringen, meine Freundinnen lernten alle moderne Berufe, und ich war Sennerin. Doch heute kann ich mir gar nichts anderes mehr vorstellen, ein Sommer ohne Alm – das wäre der Wahnsinn," sagt sie und rennt schon wieder raus vor die Tür, denn die letzten Gäste wünschen sich von ihr und ihrem Onkel noch ein Ständchen zum Sonnenuntergang. Was sie natürlich von Herzen gerne macht, denn die Herzen sind groß im Tal der Almen.

Etwas zu groß, befand allerdings die katholische Kirche zur Mitte des 17. Jahrhunderts, schließlich stammte die Wiesen-Weisheit „Auf der Alm, da gibt's koa Sünd" nicht original aus der Bergpredigt. Der Klerus erließ ein

Frauenverbot auf den Almen, das er aber 100 Jahr später wieder aufhob und durch eine Art geistliche Greencard für die Berge ersetzte. Der fromme Wunsch: Nur wer nach kirchlicher Prüfung dieses Unbedenklichkeitszertifikat erhielt, – und dies waren meist ältere Frauen – durfte auf den Almen arbeiten. Natürlich wurde diese Regelung ausgetrickst: „Ältere Damen holten sich das Zertifikat und gaben es an junge Frauen weiter, die dann für einen ganzen Sommer in die Berge und somit in die Freiheit zogen," erzählt Walter Mooslechner.

Heutzutage ziehen die Senner nach der Saison hinaus in die Welt: Patrick will wieder nach Brasilien, sein Capoeira vertiefen und Sebastian nach dem letzten Indien-Trip ebenfalls nach Südamerika – bis die Sehnsucht sie wieder packt: nach Jausen und Jodlern, Hirtenliedern und Lifttagen. □

Stefan Becker, *freier Autor und Fotograf, lebt mit seiner Familie in Innsbruck, Tirol.*

MERIAN | INFO Landwirtschaft und Tourismus

Keine Alm gleicht der anderen. Auf den **9000 Almen** in Österreich leben Milchkühe, ihe Jungtiere und Schafe, manchmal auch Ziegen und Schweine. Je nach Lage zählen sie zu den talnahen Niederalmen oder den gipfelnahen Hochalmen. Die meisten Almen befinden sich in Privatbesitz und gehören zu einem Bauernhof, nicht wenige werden auch genossenschaftlich genutzt. Was allen Almen gemeinsam ist: Sie sind vom Aussterben bedroht. „Seit dem Beitritt zur EU sinkt in Österreich stetig die Zahl der Höfe", sagt Susanne Glatz vom Umweltbüro Klagenfurt. Die Landschaftsplanerin schrieb mit an dem Buch „Almen erleben", das im Auftrag der österreichischen Regierung entstand und erste Ergebnisse des nationalen Rettungsprojekts „Alp Austria" präsentiert. Fazit: Die Situation ist sehr ernst. Wenn im Tal ein Bauer aufgibt und die Alm schließt, verwildert die alpine Kulturlandschaft, was nicht ohne Konsequenzen bleibt. **„Die steilen Hänge verwandeln sich im Winter durch das lange Gras in Rutschbahnen für Lawinen"**, sagt Glatz. Der Betrieb einer Alm ist eben mehr als Landwirtschaft in luftiger Höhe, er dient dem Naturschutz und lockt etliche Wanderer überhaupt erst auf den Berg.
Während im Osten und Nordosten des Landes die Almen verschwinden, nimmt im Westen der Tourismus immer stärker zu. Auf diesem schmalen Grad bewegen sich etliche der 1700 Almen im Bundesland Salzburg, viele der 440 Almen im Bezirk Pongau und fast alle der 37 Almen im Großarltal.
Nur zum Teil leben die Bauern von der **Direktvermarktung** ihrer Produkte; aus der Milch gewonnene Butter und Käse werden als Brettljause serviert und verkauft. Für die Natur wäre es kritisch, sollten sich die Almen in reine Berggasthöfe verwandeln. Doch verzichten kann keine Alm auf die Touristen. Und auch nicht auf staatliche Fördergelder: Rund 100 Millionen Euro jährlich fließen den Berg hinauf.

„Alles zermatschgert" war nach Hermann Maiers Stürzen schon häufiger. Aber das Stehaufmännchen rast trotzdem wieder erfolgreich gen Tal

DER DRAUFGÄNGER

Die Erfolgsgeschichte des Ski-Idols Hermann Maier und seines Heimatdorfs Flachau

VON JOHANNES SCHWEIKLE

Der erste Sessellift in Flachau hätte fast ins Fiasko geführt. Die Bauarbeiten verzögerten sich, und dann fiel kein Schnee. So wurde es Mitte Februar, bis der erste Skifahrer im nagelneuen Lift zur Neureithalm schweben konnte. Da war der Winter schon so gut wie gelaufen, und der Betreiber schrammte haarscharf an der Pleite vorbei.

Es war 1964, als das Bauerndorf in den Radstädter Tauern den späten Einstieg in den Wintertourismus probte. Elf Jahre später wollte ein Flachauer Skilehrer am Grießenkar seinem Sohn die ersten Schwünge beibringen. Er hieß Hermann Maier, sein Bub hieß ebenfalls Hermann, war drei Jahre alt und hatte zu Weihnachten die ersten Ski bekommen. Nach drei Stunden im Schnee übergab der Vater ihn entnervt der Mutter, mit den Worten: „Da, probier's du!"

Beim olympischen Abfahrtslauf 1998 in Nagano legte Hermann Maier junior den wohl spektakulärsten Sturz der Skigeschichte hin. Lädiert, aber ungebrochen, sagte er anschließend im Interview: „Wenn ich jetzt noch eine Goldmedaille gewinne, dann bin ich unsterblich." Drei Tage später siegte er im Super-Riesenslalom, anschließend holte er noch Gold im Riesentorlauf.

Seither ist er zum Gesicht des alpinen Skisports geworden. Im Rennen ist sein Mund verbissen verzerrt, im Ziel kann er kernig lachen. Aber sein Blick bleibt auch auf dem Siegerpodest meist in der Reserve. Maier hat bislang drei Weltmeistertitel in seiner Trophäensammlung, und als erster Österreicher nach Karl Schranz gewann er den Gesamtweltcup. Das bedeutet: Nach 28 Jahren Pause holte endlich wieder einer den wertvollsten Pokal des Skisports in das Land, in dem Rennläufer als Helden gelten. Wird der Mann mit dem Kampfnamen „Herminator" irgendwo zwischen Donau und Arlberg gesichtet, werden selbst gemütliche Bergbauern hysterisch wie Teenager, denen Robbie Williams erscheint.

Flachau ist der ruhende Pol in des wilden Hermanns Leben geblieben. Hier kann er seine Laufschuhe vor der Haustür auslüften lassen, ohne dass einer daran schnüffelt. Sein Spezl Ernst, mit dem er zehn Jahre Fußball gespielt hat, führt den Fanshop. Über dem Eingang prangt ein rosa Glücksschwein. Petra, die frühere Freundin Hermann Maiers, hat es gestaltet. Sie war lange Kindergärtnerin in Flachau, und in der gestylten Plastikwelt der Sponsoren verbreitet dieses Maskottchen den Charme des Selbstgebastelten.

Vor allem aber erlebt der Superstar in Flachau die Geborgenheit der Familie. Dort feiert er Weihnachten, zwischen Wettkampfreisen und Trainingslagern kocht und wäscht die Mutter für ihn. Seine Eltern führen eine Skischule, im Sommer arbeitet der Vater im Nachbarort in der Skifabrik, die seinen Ältesten ausrüstet. Alex, der eineinhalb Jahre jüngere Sohn, fährt als Snowboarder zwar auch in der Weltspitze, steht aber tief im Schatten seines großen Bruders. Von Neid ist ihm jedoch nichts anzumerken. Er erzählt vielmehr begeistert von dem Juxrennen, das er am Ende des Winters für seine Snowboard-Kumpels in Flachau veranstaltet hat: „Da ist der Hermann für uns als Vorläufer gefahren."

Wenn die Skiurlauber abgereist sind, kann sich das Idol Österreichs ungehindert bewegen. Im Frühjahr baut er mit Laufen und Radfahren seine Kondition für den nächsten Winter auf. Die bewaldeten Berge im Pongau erinnern eher an ein Mittelgebirge, am Horizont ragen schroff die kahlen Felsen des Dachstein- und Tennengebirges in den Himmel. Er fühlt sich wohl in dieser Landschaft, die ihn motiviert, alle Jahre wieder das harte Training auf sich zu nehmen. Er sagt das so: „Die Natur daheim taugt mir."

Gemeinsam mit seinem Bruder jagt er auf dem Trial-Motorrad durchs Gelände, an Felsbrocken testen sie Mut und Gleichgewicht. Und abends, wenn er in die „Resl-Rose" geht, könnte man fast meinen, er wäre ein normaler Sterblicher, so unaufgeregt, wie er hier sein Bier trinken kann.

Flachau hat 2000 Einwohner und liegt im breiten Talgrund der Enns. Die alten Bauernhöfe tragen spitze Glockentürmchen auf dem First der breiten Dächer. Das Dorf an der Tauernautobahn hat mittlerweile 8000 Gästebetten. Es gibt Hotels, die aussehen wie Schlösschen aus Disneyland, und Kneipen, die „Yeti's Partyhaus" heißen. Die Pisten am 1991 Meter hohen Grießenkareck werden vollkommen künstlich beschneit, und Flachau trägt Weltcuprennen aus.

Die Berge rund ums Elternhaus waren für die Maier-Buben ein natürlicher Abenteuerspielplatz, auf dem sie ihre Kräfte messen konnten. Als Siebenjähriger tobte Hermann mit Alex allein über die Pisten – die Eltern waren ja mit der Skischule beschäftigt. Sie bauten Schanzen, und am Ransburg-Bichl fuhren sie Abfahrtsrennen. Da gab es keinen Lift, aber der Hang hatte drei Kamelbuckel wie die berühmte Weltcupstrecke in Gröden, die sie aus dem Fernsehen kannten. Hermann hatte Pausbacken, war von kräftiger Statur und verkündete als Achtjähriger, er wolle Olympiasieger werden.

Mit 15 schien dieser Traum ausgeträumt. Er hatte wachstumsbedingte Knieprobleme und scheiterte in der Ski-Handelsschule. Maier machte eine Maurerlehre, gab im Winter Skikurse, und die Einheimischen erzählen noch heute respektvoll, wie verbissen er trainierte: Morgens um sieben schaltete man für ihn in Flachauwinkel den Lift an, der Vater steckte die Stangen, und Hermann spulte seine Läufe ab, bis die ersten Skischüler kamen. Während seine Altersgenossen auf dem Verbandsweg von den Nachwuchskadern bis ins Nationalteam gefördert wurden, kämpfte er als Außenseiter verbissen um seine Chance. „Mein Weg war sicher härter, aber ich hab mehr mitbekommen vom Leben. Und mir wurde nicht so viel Honig ums Maul geschmiert."

Der brutalste Sturz kam 2001: Maier war nach dem Sommertraining mit dem Motorrad auf dem Heimweg, als ein deutscher Mercedesfahrer ihn übersah. Felix Austria im Pech. Die ärztlichen Bulletins wurden von den österreichischen Medien in den nächsten Wochen wie Regierungserklärungen verbreitet. Aufwändige Operationen retteten Maiers rechtes Bein vor der Amputation, der kraftstrotzende Athlet drohte an Nierenversagen zu sterben. „Nach dem Unfall sind auch die Neider im Dorf still geworden", sagt sein Bruder. Siebzehn Monate später gewann der Kämpfer wieder ein Weltcuprennen.

Zum Entspannen im Sommer suchte er ein Haus in der Toskana. Doch dann hat er eine Villa am Attersee gekauft. Die hat den Vorteil, dass sie bei seiner Fahrweise nur eine Stunde vom Heimatdorf weg ist. In Flachau hat ihm die Gemeinde nach seinen Olympiasiegen einen Bauplatz geschenkt, neben dem Schlösschen und mit herrlichem Panoramablick. Der Weltstar sagt: „Nach der Karriere will ich mit dem Alex in Flachau die Skischule der Eltern weiterführen." Mittlerweile nennen die Bergbahnen von Flachau ihr Skigebiet „Snow-Space". Auch die Sessellifte haben Namen bekommen. Der „Achter-Jet" war Hermanns erste Baustelle als Maurer. Beim Betonieren der Talstation stürzte eine drei Meter lange Schaltafel herunter und traf ihn am Kopf. „Is wos passiert?", hatte ein Kollege gefragt. Lehrling Maier, benommen: „Alles zermatschgert."

Auf seiner Stirn ist eine Falte geblieben. Sie erinnert den Mann mit dem gelben Helm an die harte Wirklichkeit jenseits der Piste. □

Buchtipp: „Das Rennen meines Lebens", die Autobiografie von Hermann Maier. Styria-Verlag 2004, 304 S., 22 Euro.

Gläserne Flunder: Flugzeuge, Rennwagen und moderne Kunstwerke sind im blitzenden Hangar 7 ausgestellt. Unter der Kuppel, nur über eine geschwungene Brücke zu erreichen, schwebt vollverglast die „Threesixty Bar“

Der rote Bulle

Dietrich Mateschitz ist der Überflieger der österreichischen Wirtschaft. Mit der Energiebrause Red Bull hat er ein Milliardenvermögen verdient und mit dem futuristischen Hangar-7 bescherte er Salzburg am Flughafen eine neue Touristenattraktion

Text: Christian Sywottek, Fotos:Dennis Williamson

D
er König der Dosen regiert sein Reich von einem gläsernen Vulkan aus. Dieser Vulkan steht in Fuschl im Salzkammergut, rund 25 Kilometer östlich von Salzburg, mitten in einem künstlichen See. Wenn der König ausfliegen will, verlässt er seinen Bürokegel und braust, gern mit dem Motorrad, zum Salzburger Flughafen, wo er neben einem gigantischen Flugzeugflügel aus Glas bremst. Dort drinnen steht sein Spielzeug. Bomber und Kunstflugmaschinen, Marschall Titos Dienstflugzeug mit einer Spannweite von knapp 36 Metern, ein amerikanischer Marinejäger von 1945 – ein Dutzend Flugzeuge nennt der König sein Eigen.

Der König steigt ein, hebt ab. Und wenn er dann da ganz oben am Himmel schwebt, ja dann knackt der König wahrscheinlich eine Dose Red Bull und schluckt genüsslich die gummibärchensüße Energiebrause, denn die „verleiht Flügel" und hat ihn, Dietrich Mateschitz, zum Milliardär gemacht, zum Wirtschaftswunder aus Fleisch und Blut, zum österreichischen Vorzeigehelden. Zu dem Mann, über den in Salzburg, im Salzburger Land, in ganz Österreich jeder spricht und spekuliert.

Futuristisch: Die „Lounge Carpe Diem" im Hangar-7 ist eher ein Angebot für den eiligen Besucher

Die Geschichte des Dietrich Mateschitz und seiner Firma Red Bull erscheint wie ein Märchen. Doch es ist die Geschichte von einem Mann mit einem klaren Ziel, einer präzisen Strategie, einer Beharrlichkeit sondergleichen.

Warum er Unternehmer wurde? Mateschitz hatte einfach keine Lust mehr auf emotionslose Männer in grauen Anzügen, auf den Dienst für fremde Herren. Damals, Anfang der achtziger Jahre, reist er als Marketingmann für die Zahnpastafirma Blendax durch Asien, muss Jetlags und endlose Geschäftstermine überstehen. In Thailand lernt er das vor allem bei Lkw-Fahrern beliebte Aufputschgetränk „Krating Daeng" (Roter Stier) kennen und schätzen. Mateschitz ist auf einmal hellwach und sieht seine Chance: Aus diesem Saft müsse sich doch auch in Europa ein Geschäft machen lassen. Also Schluss mit Zahnpasta, Mateschitz kündigt und wird zum Macher.

1984 gründet er mit thailändischen Teilhabern im Rücken die Red Bull GmbH in Fuschl am See. Vitamine, die Aminosulfonsäure Taurin sowie reichlich Zucker und Koffein sind der Grundstoff, aus dem sich sein Erfolg speist. Das Red-Bull-Rezept ist kein Geheimnis. Mateschitz weiß: Marketing ist alles. „Es gibt keinen Markt für Red Bull", schreibt er, „aber wir werden ihn machen. Alles, was wir haben, ist diese Dose und was ein paar Milliarden Menschen denken und fühlen, wenn sie Red Bull anschauen. Das ist unser Kapital, sonst nichts." Dietrich Mateschitz überlässt nichts dem Zufall. Drei Jahre lang mixt er im Fuschler Hinterland an der Rezeptur herum. Drei Jahre lang sinniert sein Studienkollege Johannes Kastner in Frankfurt am Werbespruch, bis endlich „Red Bull verleiht Flügel" steht.

Im Jahr 1987 startet Mateschitz mit ein bisschen Werbung, mit Radiospots und einem rollenden Auto-Kühlschrank, aus dem heraus er vor Discotheken seinen Wachmacher kredenzt. Heutzutage verkauft Red Bull jährlich rund 2,5 Milliarden Dosen in 120 Ländern und macht dabei einen Umsatz von zuletzt knapp unter zwei Milliarden Euro. Statistisch betrachtet trinkt jeder Österreicher jedes Jahr 14 Dosen Red Bull – Weltspitze.

Längst hat sich Dietrich Mateschitz aus Fuschl vorgearbeitet bis nach Salzburg, ist eine feste Größe in der Stadt, die nun auch Spielwiese seiner ausgefeilten, kompromisslosen Werbestrategie geworden ist.

Rund ein Drittel des Firmenumsatzes gibt Red Bull weltweit für Marketing aus. Der agile Mateschitz setzt auf Wagemut, der Bewunderung auslöst. Zwei von zehn Formel-1-Teams fahren unterm Bullenbanner. Von jeher finanziert die Firma Extremsportler, darunter Klippenspringer, Kunstflieger, Abfahrtsläufer, die das Red-Bull-Logo in die Welt tragen.

Macher, Mäzen und immer Marketing-Mann

Strahlend: Abends spielen schillernde Farben mit den fünf Ebenen der Hangartürme und im Ausstellungssaal (rechts) finden Lichtshows statt

Der Salzburger Fallschirmspringer Felix Baumgartner gehört dazu – der Mann, der sich 1999 von der Christus-Figur in Rio de Janeiro stürzte, um Red Bull auch in Brasilien populär zu machen. Der vier Jahre später in 9000 Metern Höhe aus dem Flugzeug kippte mit einem knapp zwei Meter breiten Karbonflügel auf dem Rücken, und der dann bis zu 360 Kilometer pro Stunde schnell bei minus 40 Grad über den Ärmelkanal pfiff.

Auch die Salzburger Eishockeyspieler hat Dietrich Mateschitz an sich gebunden, schnelle Männer also, die keinen saftigen Rempler scheuen. Deshalb heißt der Salzburger Klub auch nicht mehr „EC Salzburg", sondern seit 2000 „EC The Red Bulls Salzburg". Dietrich Mateschitz hatte den Klub einfach gekauft. Mittlerweile ist aus dem Absteiger ein Top-Verein der höchsten österreichischen Eishockeyliga geworden.

Wer sich in Salzburg umhört, wird kaum jemanden finden, der sich öffentlich äußern will über Dietrich Mateschitz und das Engagement von Red Bull in der Stadt an der Salzach. Hinter vorgehaltener Hand ist von „Redbullisierung" die Rede, davon, dass der Mann machen könne, was er wolle. Was aber gar nicht so schlecht sei. Für viele ist er der Retter, der etwa dank einer großzügigen Millionenspende die lang ersehnte Medizinische Privatuniversität Salzburg ermöglicht. Der in Stadt und Land vom Verfall bedrohte Häuser und Hotels kauft und sie damit auch stilsicher erhält. Der im Salzkammergut Wiesen und Wälder erwirbt, damit kein industrieller Investor Betonklötze draufsetzen kann.

Arroganter sei Dietrich Mateschitz geworden, meinen andere. Der vormals unauffällige, umgängliche Mann lasse Kritiker überhaupt nicht mehr an sich heran. Das „Aufsteigersyndrom" habe ihn gepackt, und überhaupt sei aus der zuvor sehr persönlich geprägten Firma Red Bull inzwischen ein normaler Großkonzern geworden.

Noch laufe alles gut, darin sind sich alle einig. Was aber werde passieren, wenn Dietrich Mateschitz etwas verlangt,

Einladend: unten die Lounge, auf der mittleren Ebene das Restaurant „Ikarus“ und oben die „Mayday Bar“

Abgehoben: Am Flughafen wölbt sich seit 2003 das aus 1754 Glastafeln konstruierte Dach des Hangar-7

was der Stadt und ihren Bürgern wirklich gegen den Strich geht? Könne das gut gehen, wenn ein Mann allein so viel Einfluss gewinnt? Schon jetzt traue sich niemand mehr, ihm zu widersprechen, auch aus Angst, irgendwann einmal seine Hilfe zu brauchen.

Bislang ist Dietrich Mateschitz mit seiner Firma Red Bull vor allem ein wichtiger Werbeträger für Salzburg. Insbesondere, seit er 2003 am „Salzburg Airport W. A. Mozart“ den Hangar-7 eröffnete, ein Stück faszinierender Moderne, draußen vor der ansonsten so mit Geschichte erfüllten Stadt.

Wie eine riesenhafte Flunder aus Glas liegt der gerundete Hangar-7 auf der Wiese direkt neben der Landebahn. Unter 1754 zum Teil speziell gebogenen Glastafeln erstreckt sich die moderne Red-Bull-Welt, 100 Meter lang und 67 Meter breit. Der Hangar-7 ist jedoch mehr als ein Stück aufregende Architektur – der Hangar-7 ist die Heimat der „Flying Bulls“. Und damit das Herzstück der Red-Bull-Marketingmaschine, öffentlich zugänglich für jedermann. Auf blank gewienertem, blauschwarzem Stein wartet historisches Fluggerät auf seinen Einsatz bei den weltweiten Red-Bull-Flugshows.

Die „Flying Bulls“ waren einmal eine Hand voll Flugzeug-Enthusiasten aus Innsbruck, die in ihrer Freizeit betagte Flieger aufmöbelten, mit wenig Geld und nur ein paar eigenen Schraubenziehern. Bis Dietrich Mateschitz Anfang der neunziger Jahre kam, bei Chefpilot Sigi Angerer seinen Pilotenschein machte und der bunten Fliegertruppe anschließend dauerhaft Flügel verlieh – zuvorderst finanziell. Anfangs in Innsbruck und seit drei Jahren nun im neuen Salzburger Domizil.

„Wir leben hier im Schlaraffenland der Fliegerei“, sagt Chefpilot Sigi Angerer. Wo sonst leistet man sich so viele betagte, aber startbereite Flugzeuge. Alpha Jets, Kunstflug-Doppeldecker, Amphibienflieger, Hubschrauber, eine mächtige Militär-Trainingsmaschine, die aussieht wie eine wütende Hummel. Wer den Hangar-7 besucht, kann ganz dicht herantreten an die fliegenden Kisten und den Duft ihrer Motoren riechen. Wobei natürlich passieren kann, dass mal eine kleine Maschine fehlt, weil Chef Mateschitz gerade mit Sigi Angerer nach Florida fliegt, um in den Everglades-Sümpfen nach den Krokodilen zu schauen. „Da sitzen wir dann und staunen darüber, was wir gerade gemacht haben“, sagt Angerer.

Mit dem Hangar-7 hat Dietrich Mateschitz ein Symbol für den Wandel seiner Firma auf die Wiese gesetzt – aus den einstigen Energie-Freaks sind äußerst erfolgreiche Unternehmer geworden.

Auch die Bullenwasser-Trinker der ersten Stunde sind mittlerweile ins gediegene Alter gekommen. Da muss das Image nachziehen. Deshalb zeigt Dietrich Mateschitz neben seinen Flugzeugen zeitgenössische Kunst aus China oder Spanien, lockt mit Origami der Sonderklasse in drei Monaten 73 000 Besucher unters Glasdach. Und deshalb hat er im Hangar-7 eine Edelgastronomie etabliert, natürlich mit dem besonderen Kick.

Im Restaurant „Ikarus“ hoch oben über den Flugzeugen kocht sich Küchenchef Roland Trettl um die Welt. Jeden Monat kopiert seine 25 Mann starke Truppe einen anderen internationalen Spitzenkoch. Den hat Trettl vorher besucht, dann haben sie den Koch-Maestro einfliegen lassen, haben spezielle Kräuter gezogen oder auch mal einen Container thailändisches Gemüse nach Salzburg verfrachtet. Sie haben sich inzwischen einen Stern erköchelt, aber „das interessiert mich so gar nicht“, sagt Trettl, fährt sich durchs Strubbelhaar, winkt ab. Den Gourmets ist das offensichtlich auch genug – der Laden ist Abend für Abend gerammelt voll.

Es scheint, als habe Dietrich Mateschitz goldene Hände. Was er anpackt, funktioniert. Energy-Drinks, Flugzeuge,

Der Hangar-7 ist das Modernste an Salzburg

Bestaunt: Die ausgestellten Flugzeuge und Automobile ziehen vor allem männliche Besucher an. Alle Maschinen werden regelmäßig gewartet und sind startklar

Geknickt: Aus Dollarnoten gefaltete Bullen in einer Origami-Ausstellung im Hangar

MERIAN | INFO

Der **HANGAR-7** ist öffentlich zugänglich, der Eintritt frei. Die Flugzeuge und Kunstausstellungen können täglich zwischen 9 und 22 Uhr besichtigt werden.
Im **Restaurant Ikarus** kochen Spitzenköche aus aller Welt im Monatswechsel. Täglich 12-14 und 18.30-22 Uhr. Besuchern des Restaurants steht ab 18.30 Uhr die **Threesixty Bar** offen.
Wilhelm-Spazier-Straße 7a
Tel. (06 62) 219 70
office@hangar-7.com
www.hangar-7.com

Kunst, Gastronomie. Wie das kommt? „Diesen Aufwand kann nicht jeder leisten", sagt Roland Trettl. „Dietrich Mateschitz ist Perfektionist, wir haben nicht den totalen Kostendruck." Ikarus-Patron und Star-Koch Eckart Witzigmann ergänzt: „Der Mateschitz riecht den Trend – und wenn er etwas als richtig erkannt hat, dann zieht er es auch durch."

Ein einziges Mal erst hat Dietrich Mateschitz hörbar Kritik auf sich gezogen – als er im April 2005 den abstiegsbedrohten Salzburger Fußballklub, die traditionsreiche „Austria", kaufte. Eigentlich hatte er immer verkündet, er wolle sich entmündigen lassen, sobald er sich im Massenspiel Fußball engagiere. Aus dem Grund für seinen Gesinnungswandel machte Mateschitz kein Geheimnis: Es sei eine reine Marketingentscheidung gewesen. Aus den Discogängern von einst sind fußballverrückte Familienväter geworden, Champions League und Uefa-Cup bieten internationale Präsenz. Zudem richten Österreich und die Schweiz im Jahr 2008 die Fußball-Europameisterschaft aus, drei Spiele finden im Salzburger Stadion statt. Praktisch für den Verkauf: Der damalige Vereinspräsident und größte Teilhaber der Salzburg Sport AG war Rudolf Quehenberger – von jeher Spediteur der Firma Red Bull.

Mateschitz schmiss seine Maschine an und warf sämtliche Austria-Traditionen über Bord. Die alten Stadionsitze flogen raus, die neuen glänzen in Red-Bull-Farben, ebenso die Bande am Spielfeldrand. Ein Kommentator erläutert im Stadion das Spiel live über Lautsprecher und Großbildleinwand. Studenten hüpfen in Stierkostümen vor den Tribünen herum. Vor allem aber: Die neuen Herren ersetzten die Traditionsfarben Violett-Weiß durch das bullengenehme Rot-Weiß, mit einem fetten Firmen-Logo auf der Brust.

Damit war das Maß für viele Austria-Fans voll. Heftig stritt sich die flugs gegründete „Initiative Violett-Weiß" (IVW) mit den neuen Klubeignern herum. Stummen und lautstarken Protesten in der Arena folgten Stadionverbote, das Waschen jeder Menge schmutziger Wäsche und öffentliche Brandbriefe.

Einige Monate später sitzt IVW-Chef Stephan Huber in Mateschitz' neuestem Gastro-Coup, dem feinen Restaurant „Carpe Diem Finest Fingerfood" in der Salzburger Getreidegasse. Carpe Diem, so heißt auch die zweite Getränkelinie der Firma Red Bull. Huber ist 35 Jahre alt, ein freundlicher Mann mit eigenem Verlag. Für ihn ist der alte Verein Geschichte. Nach 27 Fan-Jahren hat er seine Dauerkarte zurückgegeben und mit Freunden einen neuen Klub namens „SV Austria Salzburg 1933" gegründet. „Der Mateschitz hätte eine extrem coole Socke sein können", sagt Huber. „Kulturell gesehen war die Übernahme ein Schwerverbrechen. Aber er macht seine Geschäfte, und die macht er gut. Was soll ich ihm Vorwürfe machen."

Als er das sagt, hat sich der Erstligist „Red Bull Salzburg" nach vier Monaten Saison, einer geschätzten Finanzspritze von 30 Millionen Euro, einem neuen Trainer und 14 Neuzugängen in den Spielerkader von seinem Abstiegsplatz nach oben gekickt.

Auf Platz eins. □

DIE SEE-FAHRER AUS

Einst beherrschte Österreichs k.u.k. Marine die Adria. Heute kreuzen unter rotweißroter Flagge nurmehr Dampfer auf Fuschl- und Wolfgangsee. Doch mit dem Blick auf hohe Alpengipfel ist auch solch ein Törn ein kaiserliches Vergnügen

Text: Christian Sywottek, Fotos: Dennis Williamson

Gemächlich legt der alte Schaufelraddampfer „Kaiser Franz Josef I." vom Anleger Schafbergbahnhof ab. Sein Fahrtrevier, der Wolfgangsee, gehört zu den schönsten Gewässern Österreichs

DEN BERGEN

Selbst die kleinste Insel im Wolfgangsee ist nicht gottverlassen. Das „Ochsenkreuz“ auf dem Eiland in der Fürbergbucht erinnert an einen Ochsen, der einen Metzger vor dem Ertrinken gerettet haben soll

Der Fuschlsee lockt mit waldigen Ufern und versteckten Buchten, die sich am besten vom Wasser aus erobern lassen

Der Bug des Bootes sticht in den See, die mattschwarze Wasseroberfläche wellt sich sanft im Dunkel des Morgens. 5.45 Uhr. Windstille. Das Boot nimmt Fahrt auf, Kälte spannt die Haut. Die aufgehende Sonne schmilzt die Dunkelheit fort und schnitzt mit ihrem gelben Licht Haifischzähne, Gugelhupfe, Schildkrötenrücken rund um den See. Langsam werden daraus bewaldete Berge, Fels unterm Graskleid, zu ihren Füßen Silhouetten von Häusern. Zu hören ist nur der Außenbordmotor, und als Nikolaus Höplinger ihn bei seinen Stellnetzen unter dem grauen, mächtigen Falkenstein auspöttern lässt, gar nichts mehr. „Viele Menschen halten diese Stille nicht aus", sagt der Fischer vom Wolfgangsee, „ich genieße sie."

Das Boot schwankt unter Höplingers grünen Gummistiefeln, als er das Netz aus 25 Metern Tiefe durchs trinkreine, jetzt tiefgrüne Wasser ans Tageslicht zerrt. Dreimal im Jahr tauscht der Wolfgangsee, gespeist von Zinkenbach, Ditlbach und diversen Spalten unten im karstigen Grund, sein Wasser aus. Er entlässt es bei Strobl am Ostufer durch das Flüsschen Ache.

Höplinger nestelt Saiblinge aus den Maschen. Die ellenlangen Fische fliegen ins Boot, die handgroßen zurück ins Wasser. Eine Stunde später ist der Kahn 30 Kilogramm schwerer. Kein doller Fang. „Na ja", brummt Höplinger, „wir haben Föhn …".

Auf der Rückfahrt beobachtet der Fischer auf seiner Heckbank die ersten Hobbyangler, die still in ihren Ruderbooten hocken, im dampfenden Sonnenmilchdunst, der vom kalten See aufsteigt.

Höplinger fischte schon immer hier, so wie seine Vorväter seit drei Jahrhunderten. „Wir können glücklich sein mit unserem See", sagt er und vertäut sein Boot um acht Uhr in St. Wolfgang, gleich neben dem schwankenden Anleger für die Ausflugsdampfer, die der Tag erst noch bringen wird.

Österreichische See-Fahrer gaben sich nicht immer mit Fischen und Ausflüglern zufrieden. Als das Land noch einen Kaiser hatte und die Adriahäfen Triest und Pula zu Österreich-Ungarn gehörten, schipperte das Alpenvolk mit der eigenen Marine über die Weltmeere, feuerte Kanonen ab, verfrachtete Missionare zu den „Heiden", entdeckte sogar ein Stückchen Arktis und nannte es nach seinem Kaiser „Franz-Josef-Land".

Die Doppelmonarchie gibt es seit 1918 nicht mehr, auch die Marine ist Geschichte. Heute schippern die Österreicher sich selbst und ihre Gäste in friedlicher Absicht über die Gebirgsseen des Salzkammerguts, die ehemalige Eiszeitlöcher sind, kaum eine Stunde Autofahrt von Salzburg entfernt. Von Wanderwegen durchzogen kugelt sich das Land drumherum, wölbt und windet sich, legt sich in Falten, runzelt die Stirn. Auf seiner wiesengrünen Haut werfen Bäume

Viele Wanderwege rund um die Seen sind gut ausgebaut und werden auch von Einheimischen gern genutzt

und Berge lange Schatten und die dick gemauerten Häuser liegen verstreut und scheinbar zufällig verteilt wie Brotkrümel auf einem Tisch. So als hätte ein Riese die Tischdecke plötzlich an allen vier Enden gestrafft und locker wieder auf die Tafel fallen lassen.

Und mittendrin der Wolfgangsee. Weißes Rössl, Sissy. Heile Welt in reiner Luft. Nice old Europe. Junge Koreaner mit 14 Tagen Jahresurlaub atmen am Hafen von St. Wolfgang tief durch. An der Promenade von Strobl nippen distinguierte britische Ladies mit großen Hüten an ihren Kaffeetassen, schütteln sich nasse Hunde. Im Sommer parken hier Reisebusse in endlosen Reihen.

In St. Gilgen sind japanische Gruppenreisende die ersten Kunden im Souvenirladen am Schiffsanleger. Hier machen sie erste Rast nach dem Spaziergang von den kleinen Pensionen durch verwinkelte Gassen an den geraniengeröteten, schnitzwerkverzierten Balkonen vorbei, in wohliger Erinnerung den in Butter gebratenen Saibling vom Vorabend, in Erwartung die gut einstündige Bootsfahrt über den quirligsten See der Region.

Um 9.15 Uhr setzt Gerhard Bachinger sein rotweißes Motorschiff „Salzkammergut" mit einem leichten Bums ans Ufer. Groß und massig ist der Kapitän, trägt raspelkurze Haare auf dem Kopf und drei goldene Streifen auf den Schultern – ein echter Seebär? „Eigentlich bin ich Lokomotivführer", erklärt Bachinger. Das hat er mal gelernt, so wie die meisten Kapitäne der sechs Liniendampfer auf dem Wolfgangsee. Denn die Schiffe gehören den Österreichischen Bundesbahnen, wie auch die Zahnradbahn, die von St. Wolfgang auf den 1782 Meter hohen Schafberg führt.

Zitternd löst sich die massige „Salzkammergut" vom Ufer, schwenkt den Bug seewärts und pflügt bald mit 25 Kilometern in der Stunde durch den Spätsommertag. Die Passagiere stützen die Köpfe auf die Reling und schauen im Rhythmus der Wellen wie die Wackeldackel über die Glitzerfläche hin zu den Bergen, an deren Füßen die Bäume das erste Herbstlaub in den See fallen lassen. Wer von der Schiffsspitze hinunter in die weiße Bugwelle schaut, glaubt zu fliegen, und wem das zu viel Bewegung ist, der legt sich auf eine Decksbank und starrt in den blauen Himmel, wärmt sich durch.

Als die „Salzkammergut" nach 50 Minuten in St. Wolfgang anlegt, legen die Bootspassagiere ihre Jacken ab. Ältere Herrschaften genießen auf der Terrasse des „Weißen Rössl" ihren Kaffee. Dahinter, in den engen Straßen des am Hang gebauten Städtchens, studieren Familien die Speisekarten für den Abend, später kühlen Wanderer ihre nackten Füße im Hafenbecken, und als die Nacht hereinbricht, schicken Trommler ihre Klänge durch St. Wolfgang und über den See zurück nach St. Gilgen.

Kapitän Bachinger holt sich ein Schokoladeneis. Oben auf der Brücke tippt er an den Steuerhebel und bringt die „Salzkammergut" auf Kurs nach Strobl, dem Ziel der Reise. Das Radio spielt „Sun of Jamaica". Bald aber werden die Herbststürme den jetzt so friedlichen See zum Grummeln bringen. „Dann haut's die Gischt übers Deck", sagt Bachinger. Dann wird aus dem Kapitän Bachinger zugleich der Seenotretter Bachinger, der verängstigte Segler und Surfer einsammelt, Tretboote ins Schlepptau nimmt, der wie ein Adler Ausschau hält nach wagemutigen Schwimmern, die stoisch ihre Bahnen ziehen, manchmal mitten rein in den Kurs der „Salzkammergut".

Auch für Bachinger wird es dann schon mal eng. Der Herbst bringt Nebel, nach 20 Metern beginnt das Nichts. Fällt Schnee, fällt das Radar aus. Bachinger fährt dann nach Kompass, schätzt anhand der Motordrehzahl die zurückgelegte Entfernung – und landet zuweilen am Niemandsland. „Du fährst im Schritttempo durch eine weiße Wand", sagt Bachinger. Der Kapitän und seine Passagiere sehen dann mitunter genauso aus im Gesicht. Wie damals, als sie bei Sturm in Strobl die Strandbar abgeräumt haben, mit „Kaiser Franz Josef I.", dem behäbigen Schaufelraddampfer von 1873 und überhaupt erstem Passagierschiff auf dem Wolfgangsee.

Doch heute bleibt Strobl heil. So sanft schubst der Kapitän die „Salzkammergut" an den Pier, dass die finger- bis armlangen Fische darunter nur träge zur Seite schwimmen und weiter schwanzschlagend über Steine und Schlingpflanzen durch das glasklare Wasser pendeln.

Die Passagiere verlassen das schaukelnde Schiff, gewinnen wieder festen Boden. Bachinger verlässt sein „Büro mit der herrlichen Aussicht" und holt sich ein Brötchen. Friede liegt über Strobl. Am Abend wird sich die Promenade mit Sonnenuntergangsanbetern füllen, die ihre Abendbrotschnitten auf der Kaimauer ausbreiten und so lange nach Westen über das gefärbte Wasser schauen, bis der gelbe Ball rotgleißend hinter die Bergspitzen sinkt.

Wie viele Farben hat das Wasser? Mit wie vielen Grüntönen spielen die Wiesen? Wie klar kann ein Himmel

Bei der Fahrt nach St.Wolfgang dient die Kirche dem Kapitän als Orientierungsmarke

Kapitän Gerhard Bachinger auf der Brücke seines Ausflugsschiffs. Wenn er in St. Wolfgang festgemacht hat, erobern seine Passagiere das Bilderbuchdorf

MERIAN | Info Gebirgsseen

Wolfgangsee Der Quirlige. Am und auf dem bekanntesten Salzburger See ist am meisten los. **Wolfgangsee Tourismus** Bundesstraße 1a St.Gilgen Tel. (062 27) 23 48 www.wolfgangsee.at

Mattsee Der Anspruchsvolle. Ein Stiftsmuseum und Festspielaufführungen locken Kulturinteressierte an den Mattsee. **Tourismusverband Mattsee** Passauer Str. 3, Mattsee Tel. (062 17) 60 80, www.mattsee.co.at

Fuschlsee Der Ruhige. Klares, sauberes Wasser, idyllische Buchten abseits des Trubels. **Fuschlsee Tourismus** Dorfplatz 1 Fuschl am See Tel. (062 26) 838 40 www.fuschlseeregion.com

Wallersee Der Sportliche. Großes Strandbad mit beheiztem Freischwimmbecken und Surfzone. **Tourismusverband Henndorf am Wallersee** Hauptstr. 65 Henndorf am Wallersee Tel. (062 14) 60 11 www.salzburger-seeland.at/de-henndorf.shtml

Mondsee Der Warme. Toller Badesee, die Wassertemperatur erreicht im Sommer schon mal 26 Grad Celsius. **Tourismusverband Mondsee** Dr.-Franz-Müller-Str. 3, Mondsee Tel. (062 32) 22 70 www.mondsee.at

sein? Das können die Urlaubsgäste hoch über den Seen erfahren, auf der Spitze des Schafberges, der auch „Abbiss des Teufels" genannt wird. Da oben, in 1782 Metern Höhe, haben sie den Überblick.

Bevor 350 italienische Leiharbeiter 1892/93 die Bahnschienen auf den Schafberg legten, kraxelte das Volk stundenlang bergauf. Kaiser Franz Joseph und andere feine Herrschaften ließen sich in Sesseln nach oben tragen. Heute zuckelt eine zähe kleine Dampfeisenbahn erst durch den Wald, dann über den steil abfallenden Grat und schließlich über Stein und Wiese hinauf in den Himmel, bis die Fahrgäste nach einer guten halben Stunde auf dem Dach der Salzburger Seenwelt stehen.

Hochnebelfetzen steigen auf. Über den immerweißen Bergen in der Ferne hängt ein rötlicher Schleier. Sonne und Mond stehen gleichzeitig am Himmel. Ganz unten, im Spielzeugland, wie hingekleckst die Seen. Mal grau, mal blau, mal türkis wie das Mittelmeer. Schraffiert oder glatt, spiegelnd oder matt. Sonne und Wolken bespielen Wiesen, Hügel und Berge. Nur eines fehlt dort oben am Schafberg: das Wasser selbst. Und vielleicht ein bisschen Ruhe.

Beides findet sich dort, wo Kaiser Franz Joseph, der prominenteste Sommerfrischler des Salzkammerguts, nie hinkam. Wo es keine großen Ausflugsschiffe gibt, sondern nur den lederbehosten Herrn Ebner mit seiner elektrischen Holzzille. In Fuschl, am Fuschlsee.

Es sind nur wenige Kilometer vom Wolfgangsee zu diesem vier Kilometer langen und knapp einen Kilometer breiten Kleinod, eingefasst von flachen Wiesen voll ratschendem Getier und waldreichen Hängen. Bis der Hotelier Herbert Ebner kam, gehörte der Fuschlsee den Fuschlern und den Fischen. Vor zehn Jahren aber ließ Ebner einen flachen Kahn für 20 Passagiere bauen. Seitdem fährt er Wanderer oder Räucherfischfreunde hinüber zur Schlossfischerei, und weil er nicht stören will, treibt er sein Boot mit einem nur leise surrenden Elektromotor an.

Wer mit Ebners Elektrozille zum Schloss Fuschl übersetzt, fährt nicht nur über einen See, er taucht in ihn ein. Er riecht die Feuchte des Wassers, spürt ein Prickeln, wenn er die Hand hineinhält, hört nichts außer dem leichten Wellenschlag am Bug, schmeckt die Luft, sieht, wie sich die nahen Bäume im Wasser spiegeln und die versteckten Bade- und Liebesbuchten am Rundweg.

Der See ist wie ein Brennglas, das die Jahreszeiten bündelt. Im Frühling glasklar vom Schmelzwasser, im Hochsommer trüber durch die Schwebstoffe, im Herbst gelb von den umstehenden Bäumen, im Winter weiß vor Eis.

„Wir haben's hier nicht so mit großer, organisierter Aktion", sagt Herbert Ebner, als er an diesem warmen Spätsommerabend seine Zille an den Strand von Fuschl setzt. Einige Enten balgen sich um Brotstückchen. Im schon leicht rötlich schimmernden Sand sitzen Männer und Frauen und Kinder. Die Gesichter nach Westen gerichtet blicken sie über den See.

Die Abendvorstellung beginnt. □

Christian Sywottek *ist gelernter Schiffbauer. Er schrieb für dieses Heft auch die „Red Bull"-Geschichte.* **Dennis Williamson**, *Jahrgang 1984, fotografierte das erste Mal für* MERIAN.

„Alles in dieser Stadt ist gegen das Schöpferische, und wird auch das Gegenteil immer mehr und mit immer größerer Vehemenz behauptet, die Heuchelei ist ihr Fundament, und ihre größte Leidenschaft ist die Geistlosigkeit, und wo sich in ihr Phantasie auch nur zeigt, wird sie ausgerottet.“

Thomas Bernhard (1931–1989), Schriftsteller. Wuchs ab 1942 in Salzburg auf, besuchte das Mozarteum und war 1952–1955 freier Mitarbeiter beim *Demokratischen Volksblatt.* Während er in frühen Werken seine Heimatstadt noch idealisierte, verteufelte er sie später

Foto: Andrej Reiser/Suhrkamp Verlag

Die Dichter taten sich schwer mit ihrer Stadt. Aber auch wenn Trakl, Bernhard und andere mit geistiger Enge und Biedersinn abrechneten, klingt in ihren Werken bei aller Verachtung auch Verbundenheit an

Ach, mein Salzburg!

Text: Bernd Noack

Schriftsteller sind miserable Fremdenführer! Nehmen wir zum Beispiel Thomas Bernhard: mit ihm durch Salzburg – das bedeutet nichts Gutes. Was er über die Stadt, in der er aufgewachsen ist, zu sagen hat, ist zunächst eher geeignet, jeden Gast abzuschrecken, und macht die schönsten Erwartungen zunichte: „Alles in dieser Stadt ist gegen das Schöpferische, und wird auch das Gegenteil immer mehr und mit immer größerer Vehemenz behauptet, die Heuchelei ist ihr Fundament, und ihre größte Leidenschaft ist die Geistlosigkeit, und wo sich in ihr Phantasie auch nur zeigt, wird sie ausgerottet." Das sitzt.

Und in diesem Sinn erweist sich Bernhard auch als perfider Anstifter zum Verirren: „Ich hatte mitten auf der Reichenhaller Straße kehrtgemacht und bin auf das Arbeitsamt und habe der Beamtin keine Ruhe gelassen. Sie hatte mir viele Adressen angeboten, aber lange keine *in der entgegengesetzten Richtung.* Ich wollte *in die entgegengesetzten Richtung*." Eine trotzige Abkehr von der Normalität ist das, ein ganz bewusster Aufruhr gegen alles Eingefahrene, Vorgeschriebene, Oberflächliche. Kein schlechter Ansatz eigentlich für eine Stadterkundung der „anderen Art"…

Wer sich heute auf diesen Richtungswechsel einlässt und hinausfährt mit dem Bus nach Lehen, kommt tatsächlich in die Thomas-Bernhard-Straße, auch wenn ihm erst der vierte einheimische Passant den genauen Weg weisen kann. In einem Vorstadtviertel mit dem Charme einer Plattenbausiedlung hat man dem Dichter nämlich lediglich einen kurzen asphaltierten Wurmfortsatz gewidmet: Hier, in einem der mittlerweile etwas aufgemotzten Häuser, befand sich aber immerhin „Der Keller", jener legendäre Lebensmittelladen des Lehrherrn Podlaha, der für den jungen, vom katholischen Internat in der Schrannengasse gedemütigten Bernhard zum Universum werden sollte; hier, in der trostlosen Scherzhauserfeldsiedlung, die in ihrer Alltagsbanalität so fern ist von Glanz und Gloria der Altstadt, liegt der Grundstein für sein lebenslanges Hadern mit Gott (also der Kirche), der Welt (also dem Staat) – und Österreich.

Stellvertretend stört und zerstört Bernhard Salzburgs zuckersüße Melange-Idylle aus Barock, Mozart und Nockerl konsequent und gewiss nicht immer gerecht, aber wiederum auch so durchschaubar, dass dahinter durchaus eine geistige Abhängigkeit, eine sehr komplizierte Hassliebe vermutet werden kann. In der „Ursache", dem ersten Band seiner Autobiographie, heißt es dazu: „Und gerade hier, auf diesem mir angeborenen Todesboden, bin ich zu Hause und mehr in dieser (tödlichen) Stadt und in dieser (tödlichen) Gegend zu Hause als andere, und wenn ich heute durch diese Stadt gehe und glaube, dass diese Stadt nichts mit mir zu tun hat, weil ich nichts mit ihr zu tun haben will, weil ich schon lange mit ihr nichts mehr zu tun haben will, so ist doch alles in mir (und an mir) *aus* ihr, und ich und die Stadt sind eine lebenslängliche, untrennbare, wenn auch fürchterliche Beziehung."

Wer sich Salzburg literarisch nähert, wird immer wieder mit dieser Widersprüchlichkeit konfrontiert. Einmal abgesehen von harmoniesüchtigen Heimatdichtern, die mozärtelnd an den Postkartenfassaden mitzimmern, haben Schriftsteller, die hier leben mussten oder wollten, abseits des aufpolierten Hochglanz-Images stets die ehrliche und lebendige Stadt gesucht. Nicht selten sind sie auf ihren Wegen dabei ins Zwielicht geraten, auf die Schatten- und Nachtseiten abgekommen. Das mag auch ein Grund dafür sein, dass sich Salzburg mit seinen unbequemen Dichtern in der Regel schwer getan hat. Bernhard ist ein Beispiel, viel mehr aber wohl noch Georg Trakl, dessen Bedeutung die Stadt für sich spät und nur widerwillig erkannt hat.

„Oder wenn er an der frierenden Hand der Mutter/ Abends über Sankt. Peters herbstlichen Friedhof ging, / Ein zarter Leichnam stille im Dunkel der Kammer lag / und jener die kalten Lider über ihn aufhob“

(aus „Sebastian im Traum“)

Georg Trakl (1887–1914), Lyriker, hielt Salzburg ebenso wenig aus wie sich selbst. Beging Suizid mit einer Überdosis Kokain

Trotzdem kann man heute auf Trakls Spuren Streifzüge unternehmen, bei denen einem die Worte des Dichters tatsächlich in den Ohren klingen: an vielen Stellen im Stadtgebiet hängen an Hauswänden Gedichte Trakls, und ihr Tonfall lässt das Gesehene ringsumher in einem ganz anderen, intensiveren Licht erscheinen. Die melancholisch-tragische Stimmung der Verse hält die Zeit im stets übervölkerten Mirabellgarten für einen Moment an: „Ein Brunnen singt. Die Wolken stehn / Im klaren Blau, die weißen, zarten. / Bedächtig stille Menschen gehen / Am Abend durch den alten Garten“; an einer Eisenbahnbrücke dann der herbe Kontrast, wie er in dem Gedicht „Vorstadt im Föhn“ zu spüren ist: „Am Abend liegt die Stätte öd und braun, / Die Luft von gräulichem Gestank durchzogen. / Das Donnern eines Zugs vom Brückenbogen – / Und Spatzen flattern über Busch und Zaun“; Georg Trakls geheimste Seelenqual wiederum „schmückt“ die Fassade des Gebäude in der Linzer Gasse 7, wo sich noch bis vor kurzem die Apotheke „Zum weißen Engel“ befand, in der Trakl Praktikant war: „O das grünende Kreuz. In dunklem Gespräch / Erkannten sich Mann und Weib. / An kahler Mauer / Wandelt mit seinen Gestirnen der Einsame.“

Das sei „ein Tribut an unsere Zeit“, sagt fast entschuldigend der derzeitige Apotheker dazu, dass er die alten Räume verlassen hat und nach nebenan in einen größeren Laden gezogen ist. Früher hat er immer wieder mal Besucher in den Keller geführt, in dem Trakl Rezepturen mischen musste; jetzt hängt die Gedichttafel etwas verloren und bezugslos an dem modernisierten Haus.

Andererseits: Hätte sich der Dichter überhaupt je träumen lassen, dass seine Verse einmal wie ein roter Faden durch Gassen und Gärten Salzburgs, dieser „verstorbenen Stadt“, führen würden? Von seinem Geburtshaus am Waagplatz bis nach Hellbrunn und Anif, über Friedhöfe oder den Mönchsberg kann man lesend, schauend und schaudernd seinen einsamen und ruhelosen Spaziergängen und Fluchten vor sich und der Welt nachspüren: „Ein weißer Fremdling tritt ins Haus. / Ein Hund stürzt durch verfallene Gänge. / Die Magd löscht eine Lampe aus, / Das Ohr hört nachts Sonatenklänge.“

Von der Apotheke in der Linzer Gasse ist es nur ein kurzer, freilich sehr steiler Weg „zu“ einem anderen Großen: Die Stiegen zum Kapuzinerberg hinauf führen zu der Villa, in der Stefan Zweig von 1919 bis 1934 wohnte – bis ihn Repressalien der Austrofaschisten ins Exil trieben. 1938 warfen die Nazis auch seine Bücher auf dem Residenzplatz ins Feuer, bei der übrigens einzigen Bücherverbrennung in Österreich. Jetzt steht seine Büste im Schatten des stillen Klosters. Das mondäne Schlösschen gegenüber ist nur durch dichtes Blattwerk zu bewundern: Privatbesitz und nicht etwa Gedenkstätte. Hier, in dieser wirklichen „Villa Europa“, war der Geist vor seiner Vernichtung zu Hause, hier waren sie alle zu Gast damals: Joyce und Rolland, Schnitzler und Mann, Reinhardt und Toscanini …

Es war gleich nach dem ersten großen Krieg aber natürlich eine sehr abgesonderte Welt, die sich dort oben edlen Gedanken hingab. Salzburgs Alltag, fernab und doch zum Greifen nah, sah noch anders aus. „Jeder Gang in die Stadt hinab“, schrieb Zweig in seinen Erinnerungen, „war damals erschütterndes Erlebnis; zum erstenmal sah ich einer Hungersnot in die gelben und gefährlichen Augen … Jeder Schritt durch die Straßen, wo die Auslagen wie ausgeraubt standen, der Mörtel wie Grind von den verfallenden Häusern herabkrümelte und die Menschen, sichtlich unterernährt, sich nur mühsam zur Arbeit schleppten, machte einem die Seele verstört.“

Das ändert sich anscheinend schlagartig, zumindest oberflächlich, als Max Reinhardt und Hugo von Hofmannsthal die Festspiel-Idee in die Tat umsetzen. Denn ein paar Seiten später liest man schon bei Stefan Zweig: „Salzburg blühte auf. In seinen Straßen begegnete man im Sommer jedwedem aus Europa und Amerika, der in der Kunst die höchste Form der Darbietung suchte, in Salzburger Landestracht – weiße kurze Leinenhosen und Joppen für die Männer, das bunte ‚Dirndlkostüm' für die Frauen –, das winzige Salzburg beherrschte mit einem Mal die Weltmode. In den Hotels kämpfte man um Zimmer, die Auffahrt der Automobile zum Festspielhaus war so prunkvoll wie einst jene zum kaiserlichen Hofball, der Bahnhof ständig überflutet … Salzburg war und blieb in diesem Jahrzehnt der künstlerische Pilgerort Europas.“

Das ist die Stadt unschwer erfahrbar in den Sommermonaten bis heute geblieben. Auch wenn Thomas Bernhard gerade diese Zeit „geringfügig“ kritischer sieht als sein Kollege Zweig: „Dem Lernenden und Studierenden, der sich in dieser überall nur im Rufe der Schönheit und der Erbauung und zu den sogenannten Festspielen alljährlich auch noch in dem Rufe der sogenannten Hohen Kunst stehenden Stadt zurecht und Recht zu finden versucht, ist sie bald nurmehr noch ein kaltes und allen Krankheiten und Niedrigkeiten offenes Todesmuseum (…) die Stadt ist ihm bald nicht mehr eine schöne Natur und eine exemplarische Architektur, sondern nichts anderes als ein undurchdringbares Menschengestrüpp aus Gemeinheit und Niedertracht, und er geht nicht mehr durch Musik, wenn er durch ihre Gassen geht, sondern nurmehr noch abgestoßen durch den moralischen Morast ihrer Bewohner.“

Man hätte solche Sätze vielleicht auch einem ganz anderen Salzburger Dichter zugetraut: dem Jakob Haringer. Dieser – heute leider vergessene – schimpfende und greinende, verletzende und anklagende, verfemte und verjagte literarische Outlaw, der lange Jahre in und bei Salzburg lebte, bis ihn die Nazis vertrieben, hat sich zu Lebzeiten konsequent nur Feinde gemacht. Seine Gedichte, die er unter Titeln wie „Das Schnarchen Gottes“ zusammenfasste – „Gott wird's schon wissen / wie er MICH beschissen“ – sind radikale Abrechnungen mit dem verlogenen und verkorksten Biedersinn, den er auch und gerade in seiner katholischen Wahlheimat fand. Aber ausgerechnet beim Thema Salzburg wird der sonst von leidenschaftlichen Sehnsüchten und hemmungslosen Aggressionen getriebene Haringer lammfromm und höchst sensibel:

„Das ist wie ein Bilderbuch für große Leute. Sie hat von hundert schönen Städten nur deren schönste Seiten. Man muß da aber immer das Gefühl haben, recht bald wieder abreisen zu müssen, das verschönt alles mit einer leisen Trauer. Zu allen Gassen schauen die fernen und nahen Hügel und weißen Berge herein wie neugierige Mädchen und liebe, gütige Großmütter. In unendlicher Liebe neigen sich die alten Häuser zueinander. Es duftet nach Wachs, Äpfeln, Wäsche. Vom Mirabellschloß klingt Musik herüber. In einer dunklen Gasse stehst du, da dich plötzlich immer wieder ein goldner Streifen rosa Sonne, mildes Grün und Sehnen überrascht. Zwar ist die ganze Luft wie ein zartes, mädchenhaftes Parfüm, aber in der Arenberggasse duftet es immer nach Frühling. Diese Stadt, die so süß von Liebe, von der Treue, von der Sehnsucht geigt – man ist ihr verfallen wie einer Frau.“

Und in einem Gedicht erinnert sich Haringer an die unbeschwerte Kindheit in Hellbrunn, wo seine Eltern die Bahnhofswirtschaft gepachtet hatten und der kleine Jakob die heile Welt zwischen Weihern, Grotten und Träumen entdecken durfte: „Park meiner Kindheit! Deine zarten Blicke / Betörn mich wieder, als sei nichts geschehen“; die wehmütigen Gedanken allerdings schließen mit den Zeilen „O Park! Verzeih mir all mein wildes Leben: / Ich durft ja keine deiner Blumen sein.“

Salzburg als letzte Zuflucht für die geschundene Seele? So viel Kritikwürdiges die Stadt wohl auch ungeniert selber offenbart, so viel Anziehendes, Anheimelndes hält sie bereit. Martin Walser befand die Stadt als „ohnehin schon schön“ und beneidete die Japaner, für die „alles interessant“ ist hier. Hilde Spiels Herz ging über: „Ach, die Simse und verzierten Fenster, die stillen Höfe, die marmornen Bauten und Brunnen“. Und dieses „Ach“, das fast ein Synonym für die Stadt zu sein scheint, fasste wiederum Erich Kästner zusammen in der Behauptung, Salzburg sei „zur theatralischen Szenerie geboren und berufen.“ Und sehr trotzig verteidigte sich einmal Karl-Markus Gauss: „Vielleicht bin ich in Salzburg geblieben, weil es in meiner Generation für verächtlich galt, in Salzburg zu bleiben.“

Sind Schriftsteller also wirklich so miserable Fremdenführer? Es käme noch einmal auf einen Versuch an. Am besten, man zahlt seinen Großen Braunen, den man gerade, erschöpft von den literarischen Ausflügen und Verirrungen, im Café Bazar (natürlich nur dort, denn es war und ist der geistige Ruhepol, ein Zweitwohnsitz für Poeten, Mimen und Maler in Salzburg) getrunken hat, und tritt hinaus auf die Schwarzstraße. Dort schlägt man den kleinen Reprint der ersten Gedichte Georg Trakls (der übrigens im „Bazar“ einige Verse auf dem hauseigenen Briefpapier entwarf) aus der Buchreihe „Der Jüngste Tag“ auf – und lässt es auf eine letzte „Ver-Führung“ ankommen, durch „Die schöne Stadt“, die noch einmal zu einem verstörenden Gesamtkunstwerk wird, das Vollendung und Untergang, Heiterkeit und Trauer, Augenblick und Ewigkeit – das Leben und Tod so selbstverständlich in sich vereint:

Alte Plätze sonnig schweigen.
Tief in Blau und Gold versponnen
Traumhaft hasten sanfte Nonnen
Unter schwüler Buchen Schweigen.

Aus den braun erhellten Kirchen
Schaun des Todes reine Bilder,
Großer Fürsten schöne Schilder.
Kronen schimmern in den Kirchen.

Rösser tauchen aus den Brunnen.
Blütenkrallen drohn von Bäumen.
Knaben spielen wirr von Träumen
Abends leise dort am Brunnen.

Mädchen stehen an den Toren,
Schauen scheu ins farbge Leben.
Ihre feuchten Lippen beben
Und sie warten an den Toren.

...

Helle Instrumente singen.
Durch der Gärten Blätterrahmen
Schwirrt das Lachen schöner Damen.
Leise junge Mütter singen.

Heimlich haucht an blumigen Fenstern
Duft von Weihrauch, Teer und Flieder.
Silbern flimmern müde Lider
Durch die Blumen an den Fenstern. □

„An Salzburg, der Stadt, wo das Haus stand, in dem ich zwanzig Jahre gearbeitet, fuhr ich vorbei, ohne auch nur an der Bahnstation auszusteigen (...) Wozu auch?“

(aus „Die Welt von Gestern“)

Stefan Zweig (1881–1942), Schriftsteller, lebte von 1919 bis 1934 in Salzburg. Floh dann vor den Nazis, setzte seinem Leben in Brasilien selbst ein Ende

Bernd Noack, *freier Journalist, hat ausgerechnet wegen (oder doch trotz?) Thomas Bernhard eine wahrscheinlich „lebenslängliche, untrennbare, wenn auch fürchterliche Beziehung“ zu Salzburg entwickelt.*

Mit Lomi Lomi Nui zum Wohlbehagen

Text: Anja Haegele
Fotos: Cathrine Stukhard

„Chillen" ist die gepflegte Art des Nichtstuns und Devise des Hauses Hirt in Bad Gastein, der sich der Gast im Kaminzimmer mit Aussicht auf den Kurort geruhsam hingeben kann

Die Heilkraft der Quellen im Gasteiner Tal war bereits im Mittelalter geschätzt. Im 19. Jahrhundert, als Kaiser und Könige zur Thermalkur ins radonhaltige heiße Wasser stiegen, wurde Gastein, das Dorf unterhalb der Gipfel der Hohen Tauern, zum mondänen Bad. Noch immer spiegeln Villen, Hotelpaläste und Nobelgeschäfte Glanz und Eleganz der Belle Époque. Heute ist eine Kombination von Kur und Urlaub noch viel komfortabler, für fast jeden Gast erschwinglich und nicht allein in Bad Gastein. MERIAN präsentiert sechs hervorragende Wellness-Oasen im Pinzgau, Pongau und Flachgau

Gesunde und leckere Speisen, Yoga in der frischen Bergluft und entspannende Wellnessanwendungen – das sind Wohlfühl-Garanten eines Besuchs im Haus Hirt

Haus Hirt

Bad Gastein Evelyn und Ike Ikrath haben mit dem „Haus Hirt" das getan, was man in der Musik „Remix" nennt: entrümpelt und modernisiert, aus Alt wurde Neu. Schick und spießig, Kitsch und Kunst, Natur und Kunststoff mischen sich hier mühelos. Da steht der Ron-Arad-Schalenstuhl neben einem Sesselchen aus der Kaiserzeit, der ausgestopfte Auerhahn ist auf eine psychedelisch-orange gestrichene Wand montiert und in den Zimmern geben Zirbenholzverschalungen den rechten Kontrast zu Designerlampen. „Wir holen die Stadt ins Haus, damit der Berg uns nicht auf den Kopf fällt", sagt Evelyn und erzählt, dass sie eigentlich immer weg wollte. Nach New York, London oder in eine andere Metropole – und es jetzt, ihren „sympathischen Gästen sei Dank", doch sehr schön findet, im engen Gasteiner Tal. Obwohl das Haus Hirt beinahe täglich Wanderungen, Skitouren, Bergfrühstück oder Lagerfeuer organisiert, ist das Letzte, was die Ikraths wollen, „dass die Leute sich jeden Tag auf den Berg zwingen". Urlaubsziel sollte vielmehr das „gepflegte Rumhängen" sein, sagt Ike, oder „charmanter und neudeutsch ausgedrückt: Chillen". Das geht im ganzen Haus vortrefflich. In den Zimmern, die durch die abgeteilten Ankleideecken auch bei sehr nachlässigen Gästen noch ordentlich wirken. An der großzügigen Bar und im Kaminzimmer, das eine Bibliothek edler Bild- und Designbände enthält. Oder am Pool, wo Hochglanzzeitschriften und aktuelle Romane ausliegen.

Das Spa arbeitet mit exquisiten Aveda-Produkten, jede Behandlung beginnt mit einer Begrüßungs-Fußmassage. Was aber im Haus Hirt niemand versäumen sollte, ist ein Bad im radonhaltigen Gasteiner Thermalwasser: Im Hirt-Spa sitzt man dazu in einer Marmorwanne bei Kerzenlicht mit einem Glas Prosecco in der Hand. Und während das im Wasser gelöste Radon-Gas sich aus der Wanne verflüchtigt, verschwinden auch Verspannungen und Stress. Und dem Badenden wird ganz leicht ums Gemüt.

(E/F 6) Haus Hirt, An der Kaiserpromenade, 5640 Bad Gastein
Tel. (064 34) 27 97, Fax 27 97 48
www.haus-hirt.com
DZ ab 122 Euro (Sommer) und 164 Euro (Winter)
Buchen Sie unter dem Stichwort „Merian". Sie erhalten ein Gasteiner Thermal-Quellbad kostenlos!

Hotel Salzburgerhof

Zell am See Lomi Lomi Nui ist die Massage, die auf Hawaii den Königen vorbehalten war. „Lomi" bedeutet „Kneten". Die Verdoppelung des Wortes bedeutet „Starkes Kneten". Und „Nui" heißt nichts anderes als „wunderbar". Wunderbares starkes Kneten also. Die Wellness-Spezialität des Hauses, zu hawaiischer Musik ausgeführt, nach deren Rhythmen der Therapeut um den Massagetisch tänzelt und mal kräftiger mal zarter, den vor ihm liegenden Körper abstreicht und durchknetet.

Regelmäßig steht der Salzburger Hof im *Relax Guide*, dem Testorgan des österreichischen Hotelgewerbes, auf den vordersten Plätzen. 2005 war er eines von vier Wellnesshotels Österreichs, das die volle Testpunktzahl erreicht. Die Behandlungskarte hier ist doppelt so dick wie anderswo die Speisekarte.

Der Wellnessbereich, auf drei Etagen eines Schlösschens verteilt, ist 1800 Quadratmeter groß und bietet, neben Saunalandschaften, Innen- und Außenpools und allerlei Wohlfühl-Gimmicks die stilvollsten Ruheräume, die man sich vorstellen kann: Vom Wasserbett bis zur Schaukelliege wird dem Ruhesuchenden jeder Komfort geboten.

Und wer abends, komplett relaxt, das von zwei Gault-Millau-Hauben gekrönte, kalorienreduzierte Vital-Dinner verspeist, fühlt sich endgültig wie ein hawaiischer König.

(D 5) Hotel Salzburgerhof
Auerspergstr. 11, 5700 Zell am See
Tel. (065 42) 76 50, Fax 765 66

www.salzburgerhof.at
DZ ab 230 Euro (Sommer) und 270 Euro (Winter)
Buchen Sie unter dem Stichwort „Merian". Sie erhalten ein Cleopatra-Bad für die Dame oder ein Meerwasserbrandungsbad für den Herrn gratis!

Hotel Gmachl

Bergheim Wer den Aufenthalt im Hotel Gmachl so richtig genießen will, muss leider erst mal raus aus dem Gmachl. Denn draußen wird aus diesem schönen Haus ein ganz besonderes Hotel. Zum Beispiel hinter dem Haus im Kastaniengarten, einem uralten Biergarten, so traditionsreich wie die Dorfstube und die alte Metzgerei, die seit sechs Generationen von den Gmachls bewirtschaftet werden.

Nur ein Stückchen weiter liegt der Erlebnisgarten. Dort gibt es einen Badeteich mit kleinem Wasserfall, Tennisplätze, einen Bolzplatz, einen Fitnessparcours, den beheizten Außenpool und – das Beste zum Schluss – eine original finnische Blocksauna, die des alpenländischen Stils wegen in einen alten Kuhstall gebaut wurde. Vor der Tür der Sauna liegt ein Natursteinbecken mit eisig kaltem Wasser und ein paar Stufen höher ein warmer Whirlpool mit Blick auf die Alpen.

Leihräder hält das Hotel Gmachl kostenlos bereit, und die Salzburger Innenstadt ist – gemütlich an der Salzach entlang geradelt – gerade mal fünf Kilometer entfernt.

Auszuleihen sind nicht nur Räder, sondern auch das, was die meisten Männer, die im Gmachl einchecken, erst mal neidisch macht: ein knallroter Porsche Boxster. Das satte Röhren der 240 PS ist wohl eher Wellness fürs Ego; danach ist man auf jeden Fall reif für das Innere des Hotel Gmachl.

Für das hochmoderne Fitness Studio, bei dem man sich kaum entscheiden kann, ob man vom Laufband aus den Panorama-Blick auf die Berge wählen soll oder ein Programm des Fernsehers, mit dem jedes Cardio-Gerät ausgestattet ist.

Nach dem Training könnten Sie die mit allen Schikanen ausgestattete Wellnesslandschaft genießen oder eine Massage buchen, vielleicht sogar das Angebot der „Romantischen Stunden zu Zweit", eine Paarbehandlung mit Bädern, Massagen und Fruchtcocktails.

(E 2) Hotel Gmachl
Dorfstraße 35
5101 Bergheim bei Salzburg
Tel. (06 62) 452 14 10
Fax 45 21 24 68, www.gmachl.at
DZ ab 136 Euro
Buchen Sie unter dem Stichwort „Merian". Sie erhalten eine Naturkreidepackung in der Wasserschwebeliege kostenlos!

Krallerhof

Leogang „Alles was unsere Familie besitzt, steckt in diesem Haus", sagt Geschäftsführer Gerhard Altenberger. „Also müssen wir es anständig ausstatten." Und anständig bedeutet für ihn: nicht kleckern, sondern klotzen. Der Krallerhof, vor 50 Jahren noch ein bescheidenes Bauernhaus, ist deshalb heute eines der besten Wellnessresorts Österreichs. Für mehr als 13 Millionen Euro wurden kürzlich neue Zimmer gebaut und ein überwältigender Wellnessbereich. Das Schwimmbad, groß wie ein Tennisplatz, liegt in einem Saal aus speckig glänzendem, grob behauenem norwegischen Schiefer. In der Mitte des Beckens schimmert eine goldene Kugel, und eine der meterhohen Schieferwände hat eine Öffnung: Man schwimmt hinein, folgt einem kleinen Labyrinth und landet in einem „Klangdom", einer nur mit Kerzen beleuchteten Grotte mit geheimnisvollem Echo.

Wie ein Rezept aus 1001 Nacht liest sich die Liste der für die Zimmer verwendeten Materialien: Palisander, Rosenholz, Springbock-Fell, Sandstein, aus afrikanischen Gräsern geknüpfte Teppiche, Pigmente der Purpurschnecke, zerriebener Lapislazuli, Gold. Aus 300 Jahre alten Tiroler Fensterläden und Glasplatten hat Altenberger Tische bauen lassen. Arabische Flügeltüren wurden zum

Wasser ist unverzichtbares Element eines jeden Wellnessurlaubs – ob der reißende Bergbach im Kötschachtal bei Bad Gastein oder das Thermalwasser eines noblen Pools

Schiebeschrank umfunktioniert. Und Sandsteinarbeiten aus indischen Tempeln sind jetzt Stuckelemente in den Wänden. Dabei gleicht kein Zimmer dem anderen.

Im Spa-Bereich ist der Krallerhof für seine Ayurveda-Massagen berühmt. Therapeut André hat diese Kunst in Indien trainiert. Und wer sich anschließend in eine orientalische Sitzecke lümmelt, ein paar Kissen in den Rücken gestopft, den Blick über die Gartenteiche auf das schroffe Massiv der Leoganger Steinberge schweifen lässt, der ist ganz sicher eines: weit weg vom Alltag.

(D 4) Hotel Krallerhof
5771 Leogang, Tel. (065 83) 824 60
Fax 82 46 85, www.krallerhof.com
DZ ab 244 Euro (Sommer) und 258 Euro (Winter)
Buchen Sie unter dem Stichwort „Merian". Sie erhalten ein Papaya-Körperpeeling kostenlos!

Grand Park Hotel

Bad Hofgastein Wiener Walzer liegt in der Lobby-Luft. Stolze 105 Jahre hat das Haus schon auf dem Buckel und das Management weiß, was es dieser Tradition schuldig ist. Zum Beispiel Flügelmusik zum Dinner, das auf zartem Porzellan serviert wird und Teller für Teller von Küchenchef Franz Huick à la minute zubereitet wird. Eine Melange aus österreichischer Tradition und moderner Kochkunst. „Der Gast soll jeden Morgen aufstehen, sich den Bauch reiben und seufzen, wie toll das wieder war", wünscht sich Huick.

Die tollen Kalorien kann man dann tagsüber abtrainieren, beim morgendlichen Yoga, Nordic Walking oder Radfahren. Und sich danach mit allerlei Anti-Cellulite- und Straffungs-Massagen in Form rubbeln lassen.

Oder ganz einfach im hoteleigenen Thermalwasser-Pool entspannen. Das Becken ist mit silbrig glänzenden Metallplatten ausgelegt ist und glitzert so geheimnisvoll wie ein Bergsee. Dank eines 180 Grad-Panoramafensters hat man hier übrigens auch die Kulisse eines Bergsees vor Augen – was auch nach stundenlangem Schwimmen nie langweilig wird: Denn je nach Wetter und Tageszeit und Wolkenstand sehen die Gipfel im Gasteiner Tal immer wieder anders aus.

(E 6) Grand Park Hotel
Kurgartenstraße 26
5630 Bad Hofgastein
Tel. (064 32) 635 60, Fax 84 54
www.grandparkhotel.at
DZ ab 190 Euro (Sommer) ab 234 Euro (Winter)
Buchen Sie unter dem Stichwort „Merian". Sie erhalten ein Kräuterbad nach Wahl kostenlos!

Ebner's Waldhof

Fuschl am See Es soll Leute geben, die sich im Wellness-Bereich von Ebner's Waldhof verirrt haben, so groß und verwinkelt ist er. Das Schöne daran: Hat man sich erst einmal verlaufen, etwa auf das Sonnendeck, oben unterm Dach, erreichbar nur über verschlungene Pfade, hat man garantiert den ganzen Tag seine Ruhe. Kann den Blick über den Fuschlsee genießen, sich im Terrassenteich erfrischen und dann und wann ein Stockwerk tiefer in der Sauna schwitzen, in die ein Stück des Felsens integriert ist, an dem das Haus lehnt.

Wer Trubel braucht, sollte an den hoteleigenen Strand gehen oder eine Fahrt auf dem Passagierboot wagen, das ebenfalls den Ebners gehört. Oder die Haflinger Silvia und Sissy einspannen lassen für eine Kutschenfahrt. Ein heißer Tipp ist die Fußreflexzonenmassage, die Therapeutin Heidi so toll beherrscht. Und wer gut gepflegte Füße hat, stört sich auch nicht daran, sich am nächsten Tag wieder im Wellness-Bereich zu verlaufen …

(F 2) Ebner's Waldhof am See
Seestraße 30, 5330 Fuschl am See
Tel. (062 26) 82 64, Fax 86 44
www.ebners-waldhof.at, DZ ab 165 Euro
Buchen Sie unter dem Stichwort „Merian". Sie erhalten ein Honig-Zirben-Bad kostenlos! □

Bestelln Sie bei Gretl Bladln

Salzburger Küche ist mächtig, aber auch mächtig gut

Text: Christian Eder

Haubengekrönt: Die Spitzenköche Karl und Rudi Obauer in Werfen servieren gern moderne Klassiker wie (Foto links) ihre gefüllten Erdäpfelknödel mit Spargelsalat

Es zischt und brodelt wie in einer **Hexenküche:** Wirtin Gretl Hörl steht am Herd, aus dem dampfenden Topf zieht sie goldgelb gebackene Riesen-Maultaschen. „Bladln" heißen diese knusprigen Köstlichkeiten, die umgehend in der Gaststube verschwinden.

Neben der Kirche im Saalfeldner Ortsteil Gerling wird „pinzgauerisch" gekocht. Und das sind beim Gerlingerwirt in erster Linie die Bladln. „Mutter Gretl", eine der letzten, die die Kunst des Bladl-Machens beherrscht, verwendet dazu Mehl aus Weizen und Roggen. Damit formt sie Teigtaschen, die, entweder ungefüllt oder mit einem „Bauch" aus Kartoffeln und Speck, in heißem Fett ausgebacken werden. Brutzelnd kommen die Bladln erst mit Sauerkraut, dann mit Kohlrabi und zum Schluss mit Preiselbeerkonfitüre auf den Tisch.

Alte bäuerliche Kochkunst mit Spezialitäten wie Bladln oder Kasnocken (Käsespätzle) pflegen eine Reihe von Wirten in den Gebirgsbezirken Pinzgau, Pongau und Lungau. Doch Arme-Leute-Speisen wie das Muas, die Flenken oder das Koch sind fast verschwunden. „Viele dieser mit Mehl, Milch und Butterschmalz zubereiteten Gerichte könnte man heute niemandem mehr zumuten", sagt Gerlingerwirt Simon Hörl, „früher brauchten das die Holzknechte, um bei Kräften zu bleiben."

Diese Bauern-Brotzeiten haben nie den Weg bis nach Salzburg gefunden. In der Mozartstadt gab stets die klassische Wirtshausküche den Geschmack vor. Wie bei Gerhard Brugger in der „Plainlinde" in Bergheim, einem kleinen Gasthaus zu Füßen der Kirche Maria Plain, aus dessen Garten man über die Dächer der Stadt bis zur Festung Hohensalzburg blickt. Der junge Küchenchef bereitet aus einfachen, vor allem heimischen Produkten raffinierte Gerichte zu. Als Auftakt kommt eine lauwarm geräucherte Forelle aus dem nahen Attersee auf den Tisch. Zum Hauptgang folgt eine in Rotwein geschmorte Ochsenschulter mit Rahmwirsing und Eierschwammerln. Den süßen Abschluss bilden Dukatenbuchteln (Hefeteigkrapfen) mit Zwetschkenröster (Kompott) und Karameleis. Die heimischen Produkte, die Fische, Lämmer und das Rindfleisch holt sich der Koch von den Bauern im Salzburger Land.

Verführerische Speisen aus Erzeugnissen von den Bergen und aus den Seen servieren auch die Brüder Karl und Rudi Obauer in Werfen im Pongau, eine halbe Autostunde südlich von Salzburg. Mitten im Ort, unterhalb der Festung Hohenwerfen, befindet sich im alten Lebzelter-Haus das Restaurant Obauer. Hinter der modernen Inneneinrichtung des Speiseraumes lugen die aus Flusssteinen gemauerten meterdicken Wände des alten Gasthauses hervor.

Ein passender Rahmen für die Obauersche Küche, die trotz aller Innovation traditionellen Rezepten und Zutaten aus der Gegend erfolgreich huldigt. Das hat den Brüdern vier Hauben (die höchste Bewertung im Restaurantführer Gault Millau) und zwei Michelin-Sterne eingebracht. Zur Kirschenzeit steht ein Pongauer Kirschenmuas auf der Karte: Aus Mehl, Butter und Kirschen zubereitet, war es in früheren Zeiten ein kalorienreiches Holzfällergericht. Bei Obauers kommt es heute in kleinen, verträglichen Portionen auf den Tisch. Auch die herzhaften Blutwursttascherl wurden modernen Essgewohnheiten angepasst: Die Wurst, gefüllt in Nudelteig, wird mit kleinen Portionen Gerste und Sauerkraut angerichtet. Die Obauers servieren dem Gast aber auch Seezunge und Barberie-Ente, Piemonteser Trüffel und Jakobsmuscheln. Diese Kombination aus Regionalem und Fremdländischem widerspreche keineswegs der Art der Salzburger Küche, erklärt Rudi Obauer. Dann zeigt er hinauf zur Festung Hohenwerfen: „Die wirkliche Salzburger Küche kommt nämlich von dort oben. Schon am Hof der Fürsterzbischöfe wurden kulinarische Einflüsse aus aller Welt verarbeitet. Heimische Rohprodukte, verbunden mit Zutaten und Gewürzen aus ganz Europa und dem Orient." ☐

MERIAN | TIPP

(D 5) Gerlingerwirt Saalfelden
Gerling 1, Tel. (065 82) 725 42
www.gerlingerwirt.at
wechselnde Öffnungszeiten

(F 4) Restaurant-Hotel Obauer
Werfen, Markt 46
Tel. (064 68) 52 12
www.obauer.com
wechselnde Öffnungszeiten

(E 2) Plainlinde Bergheim/
Salzburg, Plainbergweg 30
Tel. (06 62) 45 85 57
www.plainlinde.at
Mo und Di Ruhetag

>> weitere Tipps im Service-Teil auf Seite 122

GIPFEL FÜR

Es gibt höhere Berge und steilere Abfahrten Aber ZELL AM SEE liegt auf einem

„Der Hirsch schwächelt", spottet der Lebzelter, „der ist in den Wald einigfalln und hat sich die Schulter gebrochen." Dieser Sturz war deshalb so gravierend, weil er ums Haar ein Ritual beendet hätte: An jedem Wintermorgen nehmen der Hirsch, der Lebzelter und der Moßhammer die erste Gondel der Bahn auf die Schmittenhöhe. Oben springen die drei gestandenen Männer im Skianzug in die Bindungen und bolzen die noch leere Trass-Abfahrt hinunter, als ob es kein Morgen gäbe. Ihr Ziel: schneller unten zu sein als die Gondel, mit der sie noch eine weitere Bergfahrt machen. „Das ist Lebensqualität", sagt der Lebzelter.

Die Kampfnamen der drei Sportsfreunde leiten sich von ihren Gasthäusern her. Der Lebzelter heißt Peter Schandlbauer, ist 52 Jahre alt und ein Wirt wie aus dem Film: wache Augen, flinke Hände. Und das runde Gesicht strahlt Lebensfreude aus, die von keiner Diät getrübt wird. Sein stattliches Gasthaus steht in der Altstadt von Zell am See, gleich neben dem mittelalterlichen Vogtturm. Eine holzgeschnitzte Figur ziert die Nische unter dem ausladenden Giebel, in aller Bescheidenheit stellt sie Gottvater dar. Die meterdicken Wände erzählen von Geborgenheit, der Gewölbekeller von Tradition: Seit dem Jahr 1482 beherbergt dieses Haus Gäste. „In Zell am See haben wir nur Familienbetriebe. Bei uns finden Sie kein einziges Kettenhotel", sagt der Lebzelter und steht aufrecht in seiner Hirschledernen.

Bereits seit 743 ist dieser Ort zum Städtchen gewachsen. Damals gründete der Salzburger Erzbischof das Kloster Cella in Bisoncio. Heute hat der Hauptort des Pinzgaus 10 000 Einwohner. 1875 kam die Eisenbahn hierher, der Anschluss an die Hauptstrecke Salzburg – Innsbruck brachte den Aufschwung für das Gastgewerbe. 1996 befreite ein Tunnel die schmalen Straßen vom Durchgangsverkehr, seither haben die Gassen am Westufer des Zeller Sees ihre Behaglichkeit wieder. Die romanische Kirche steht archaisch neben den Geschäften der Fußgängerzone, beim Steinerwirt gibt's Weißbier der Hausmarke zu herzhaften Kaspressknödeln, und rund um den See findet der Feinschmecker Lokale, in denen Österreich auf höchstem Niveau kocht.

Der wuchtige, fünf Stockwerke hohe Vogtturm beherbergt das Heimatmuseum. Die Exponate sind liebevoll zusammengetragen, die Sammlung trägt Anflüge skurrilen Humors nach Art von Karl Valentin. So ist etwa der Nachtstuhl zu besichtigen, der auf Geheiß des kaiserlichen Protokolls angeschafft werden musste, als Kaiser Franz Joseph 1893 eine Nacht im Berghotel Schmittenhöhe verbrachte. Kaiserin Elisabeth (Sissy) war schon einmal acht Jahre früher im Hofzug angereist. Sie äußerte den Wunsch, auf der Schmittenhöhe den Sonnenaufgang zu erleben. Der Weg hinauf sollte aber partout nicht im Schmitten-Wagerl zurückgelegt werden, einem einachsigen Pferdekarren, der gut situierte Touristen auf den Hausberg fuhr. Sissy wollte die 1200 Höhenmeter zu Fuß bezwingen, und so brach ein Bergführer um ein Uhr nachts mit ihr auf. In der Überlieferung heißt es, sie habe nach zwei Stunden und 16 Minuten den Gipfel erreicht. Diese Angabe darf bezweifelt werden, denn diese Zeit schafft heute kaum ein guter Wanderer. Verbürgt ist allerdings, dass der Kaiser sich über seine Gemahlin beklagte: „Die hohe Frau geht in so sinnlosem Tempo, dass alle zurückbleiben müssen, weil sie nicht mehr schnaufen können."

Das Panorama von der Schmittenhöhe lässt heute selbst Skifahrer im Temporausch innehalten. Hier zeigen sich die Berge von ihrer freundlichen Seite: verschneite Almwiesen statt schroffer Felsen, offene Täler statt

Die Schmittenhöhe ist der Zeller Hausberg. Weit reicht die Sicht über das wolkenverhangene Salzachtal auf die schneebedeckten Tauerngipfel mit dem spitzen Kitzsteinhorn

GENIESSER

VON JOHANNES SCHWEIKLE

in den Alpen.
Hochplateau der Lebensqualität

jäher Schluchten, eine Landschaft zum Genießen. Die Pinzgauer Grasberge gehen sachte in die Kitzbüheler Alpen über. Erst viel weiter hinten ist nackter Fels zu sehen: im Norden das Steinerne Meer, im Süden hebt sich das Kitzsteinhorn (3203 Meter) kantig vom strahlend blauen Himmel ab. Wenn man die Augen zusammenkneift, erkennt man auf seiner breiten Flanke das Gletscherskigebiet.

Zell am See hat sich mit dem Nachbarort Kaprun zur Europa-Sportregion zusammengeschlossen. Vom Sonnkogel bis zum Kitzsteinhorn erschließen 56 Seilbahnen und Lifte 130 Pistenkilometer. Großspurig werben die Touristiker: „Vom Schnee sprechen wir nicht. Den garantieren wir." Auf dem Gletscher trainieren im Sommer und Herbst die Leistungssportler, auf den tiefer gelegenen Abfahrten rund um die Schmittenhöhe können die meisten Flächen künstlich beschneit werden. Die Katastrophe von Kaprun geriet bei den Urlaubern schnell in Vergessenheit: Im November 2000 brannte die Bergbahn im Tunnel, 155 Skifahrer starben. Ein Jahr später ging die neue Seilbahn in Betrieb. Für die Zukunft hat die Region kühne Pläne: Neue Bergbahnen sollen die Pisten vom Kitzsteinhorn bis nach Saalbach-Hinterglemm zu einem Skigebiet der Superlative zusammenschließen.

1927 wurde die zweite Seilbahn des Salzburger Landes auf die Schmittenhöhe gebaut. „Das Problem war damals, das schwere Tragseil zu transportieren", erklärt der Lebzelter. Es wurde mit der Eisenbahn angeliefert, und ab dem Bahnhof bildete man eine Menschenkette. 1937 wurden hier die Studentenweltmeisterschaften ausgetragen, in den Siegerlisten steht ein gewisser Heinrich Harrer, später der Welt als Geograf, Forschungsreisender und Autor („Sieben Jahre in Tibet") bekannt geworden.

Heute sind die Bergbahnen von Zell am See als Aktiengesellschaft organisiert. Die Familie Porsche hält 47 Prozent der Anteile. Ihr Anwesen liegt auf der anderen Seite des Sees, in Thumersbach. Bei den Einheimischen sind viele Geschichten über den Clan im Umlauf: dass die Patronin Louise Piëch noch mit über 90 Jahren auf die Jagd gegangen ist, wie ihr Sohn Ferdinand in Lederhose und ohne Leibwächter an der Tankstelle anzutreffen ist, und dass auf dem Seegrund noch einige Schwimmwagen rosten, die Ferdinand Porsche im Zweiten Weltkrieg für die Wehrmacht erprobt hat. Wahr ist, dass der kleine Flugplatz von Zell am See der Familie gehört. Die Touristiker würden gern die Landebahn verlängern, aber die Porsches sehen keinen Grund, ihre Exklusivität mit den Linienfliegern aus aller Welt zu teilen.

Im Sommer machen neuerdings Araber Urlaub an dem lieblichen Alpensee. „Da laufen so viele durch den Ort", erzählt der Lebzelter, „dass wir Angst haben müssen, dass die uns kaufen wollen." Die Sporthäuser freuen sich über diese Gäste: Für einen Tagesausflug auf den Gletscher wird die ganze Familie mit Skihandschuhen ausgerüstet, natürlich den teuren, mit Protektoren für Rennläufer.

Und im Winter kommen die Russen. „Wo wir früher das Januarloch hatten, bringen die uns zwei Wochen Saisonverlängerung", sagt Hans Wallner, der Geschäftsführer der Europa-Sportregion. Zuerst kam in den neunziger Jahren die neue Oberschicht, die so mit Geld um sich warf, dass Einheimische von der „Russenmafia" raunten. In den Speisesälen und Saunen der besten Hotels benahmen sich die Neuen aus dem Osten so unangepasst, dass Stammgäste aus Westeuropa verstört reagierten. „Mittlerweile kommt die russische Mittelschicht zu uns", erklärt Wallner, „die bewegt sich etwas gedämpfter." In der Fuß-

Eingebettet zwischen Berg und See, familienfreundlich und schneesicher: Zell am See, im Winter wie im Sommer Urlaubsort für Viele, auch Russen und Araber

Wo die Porsches wohnen und schon Sissy kraxelte – nicht weit entfernt vom PARADIES

gängerzone fallen eher die Holländer auf. „Das sind die Letzten", spottet der Lebzelter, „die sich mit Moonboots durch unsere tief verschneite Heimat bewegen."

Das „Sportstüberl" im Lebzelter hat der Wirt in jenem skurrilen Stil eingerichtet, den die Engländer in St. Moritz zelebrieren.

Über der Theke ein dicker gelber Sprungski, an den Wänden viele Fotos und Karikaturen: Luis Trenker, die Skilegende Moser-Pröll, der junge Lebzelter als Bobfahrer. Dazwischen animiert ein Spruch: „Es gibt mehr alte Trinker als alte Ärzte". Aber der Wirt legt Wert auf eine Grenze: „Hier tanzt keiner mit den Skischuhen auf dem Tisch. Dass die Leut sich niedersaufen, das gibt's in Zell eigentlich nur bei einem: beim ‚Schnaps-Hans'."

Der heißt mit bürgerlichem Namen Herwig Schiefer, hat als Getränkevertreter angefangen und animiert an jedem Skitag persönlich seine Gäste im traditionsreichen Berghotel auf der Schmittenhöh. Dabei schreckt er auch vor dem deutschen Schlager nicht zurück. „Er hat ein knallrotes Gummiboot", dröhnt es aus den Lautsprechern im Kleiderschrank-Format. Das muss so sein, weil Schnaps-Hans gegen die Konkurrenz vom „Panorama-Pfiff" um die Hoheit auf dem Berg kämpft. Augenscheinlich mit Erfolg: Auf dem langen Tresen biegen Skifahrer schon am Vormittag im Takt ihre Knie, schwenken Red-Bull-Dosen und verschütten Wodka-Feige. Über der wogenden Masse schwebt ein Bierkasten an einem stählernen Galgen.

MERIAN | TIPP

URLAUB IN ZELL AM SEE

Wintersport: Europa-Sportregion Zell am See – Kaprun
Tel. (065 42) 770
welcome@europasportregion.info
www.europasportregion.info

Hotels und Gaststätten

Kinderhotel Hagleitner
Karl-Flieher-Str. 1-3, Zell am See
Tel. (065 42) 571 87
www.hotelhagleitner.at

Grandhotel Zell am See Esplanade 4
Zell am See, Tel. (065 42) 78 80
www.grandhotel-zellamsee.at
Imposantes Belle-Époque-Haus auf einer Halbinsel des Sees

Hotel Lebzelter Dreifaltigkeitsgasse 7
Zell am See, Tel. (065 42) 77 60
www.hotel-lebzelter.at
gemütliches Haus in der Altstadt

Gasthof Steinerwirt
Dreifaltigkeitsgasse 2, Zell am See
Tel. (065 42)725 02
www.gastlichkeit.com
traditionelle regionale Küche

Trotz der Party-Szene ist Zell am See besonders bei Familien ein beliebtes Urlaubsziel. Die Pisten sind breit und gut präpariert, die Bergbahnen komfortabel. Wo die Abfahrten steiler werden, gibt es flache Umfahrungen, und die Glocknerwiese ist für Anfänger ideal: Statt am Idiotenhügel können sie hier am Berg auf halber Höhe üben, mit herrlichem Rundblick und einer Kabinenbahn, die sie sicher in den Ort zurückbringt.

An der Nordabfahrt ist eine Schanze in den Schnee gebaut, von der sich die Freestyler in den Himmel schrauben. Daneben steht eine einzelne Fichte. An ihrem Stamm hängt ein Votivkasten. Er mahnt zum „christlichen Andenken an Herrn Josef Jamnig, welcher 1954 inmitten froher Jahre an dieser Stelle sein Leben aufgeben musste". Dazu ist ein weißer Engel gemalt, der einen erdbraunen Skifahrer von der Piste abgreift.

Der Lebzelter hat allerdings eher an das Panorama gedacht, an den Kontrast zwischen der weißen Weite des zugefrorenen Zeller Sees und den Felszacken der Hohen Tauern, als er sagte: „Wir leben nicht weit weg vom Paradies." □

Johannes Schweikle, *Jahrgang 1960, lernte einst in Zell am See das Carven.*

Die Lust am Reisen

MERIAN

PREMIUM SHOP

Lassen Sie sich inspirieren!

In unserem Premium Shop bieten wir allen Lesern exklusive Highlights: Seltene MERIAN Ausgaben aus unserem Archiv und einzigartige MERIAN Sammlerstücke. Zusätzlich erhalten Sie ab einem Bestellwert von 25,00 Euro das „Best of MERIAN“ gratis dazu! Für Ihre Bestellungen verwenden Sie den Coupon auf Seite 99.

MERIAN **FAMILY**

IMMER AKTUELL

Geniales Doppel: Navigations-CD und Reiseführer Alpen

So macht der Winter richtig Spaß, nämlich mit der Verknüpfung von Reiseführernavigation und gedrucktem Guide. Diese geniale Kombination bieten die MERIAN *scout* Navigations-CD „Alpen 2006 DX“ und der MERIAN *guide* „Winterurlaub in den Alpen“. Neben der umfassenden digitalen Karte für die Alpenregion enthält die CD über 36.000 Reiseziele, die von der eigenen Reiseredaktion recherchiert wurden. Sie werden ergänzt durch die Verweise im gedruckten Reiseführer, der die 80 schönsten Ferienziele zum Wohlfühlen und Genießen in Deutschland, Österreich, der Schweiz, Frankreich und Italien ausführlich schildert. Besonders hilfreich beim MERIAN *guide* ist die Einteilung der Winterurlaubsziele in Kategorien wie „Allround“, „Gemütlich“, „Mondän“, „Sportlich“ und „Trendy“, die die Planung des Skivergnügens erleichtern.

Weitere Informationen unter www.merian.de, telefonisch unter 0180 532 53 35 (12 Cent pro Minute) oder bestellen Sie mit dem Kennwort: Merian scout Alpen

AUSGEZEICHNET

MERIAN *live!* Salzburg

Traumlandschaft und Sommerfrische, Literatentreff und Festspiele, Almen und Skipisten – das alles und viel mehr bieten Salzburg und das Salzburger Land. Die Region und ihre Hauptstadt locken mit einem breiten Freizeitangebot für Jung und Alt, mit einem Terminkalender voller attraktiver Veranstaltungen – und das keineswegs nur im Mozartjahr 2006.

Das Nebeneinander von unwegsamen Hochgebirgslandschaften, sanften Tälern, reißenden Gebirgsflüssen und stillen Voralpenseen macht den besonderen Reiz des Salzburger Landes aus.MERIAN *live!* Salzburg Salzburger Land führt mitten durch dieses kleine Paradies und enthält viele nützliche Tipps zum Übernachten, zu Essen und Trinken, Ausflügen und Wanderungen. Schnelle und einfache Orientierung garantieren der Kartenatlas und viele Detailkarten. Preis: 7,95 Euro. **Kennwort: MERIAN *live!* Salzburg**

Jetzt neu!

Nutzen Sie auch den bequemen **BESTELLSERVICE** unter Telefon **0 40/87 97 35 40** oder **www.merian.de/shop**

DIE SZ-BIBLIOTHEK

Paul Auster: Stadt aus Glas
Jurek Becker: Bronsteins Kinder
Thomas Bernhard: Der Untergeher
Italo Calvino: Wenn ein Reisender in einer Winternacht
Elias Canetti: Die Stimmen von Marrakesch
Bruce Chatwin: Traumpfade
Joseph Conrad: Herz der Finsternis
Julio Cortazar: Der Verfolger
Marguerite Duras: Der Liebhaber
Friedrich Dürrenmatt: Der Richter und sein Henker
Umberto Eco: Der Name der Rose
William Faulkner: Die Freistatt
F. Scott Fitzgerald: Der große Gatsby
Edward M. Forster: Wiedersehen in Howards End
Max Frisch: Mein Name sei Gantenbein
Günter Grass: Katz und Maus
Julien Green: Leviathan
Graham Greene: Der dritte Mann
Peter Handke: Die Angst des Tormanns beim Elfmeter
Hermann Hesse: Unterm Rad
Patricia Highsmith: Der talentierte Mr. Ripley
Peter Høeg: Fräulein Smillas Gespür für Schnee
John Irving: Das Hotel New Hampshire
Uwe Johnson: Mutmaßungen über Jakob
James Joyce: Ein Porträt des Künstlers als junger Mann
Franz Kafka: Amerika
Eduard von Keyserling: Wellen
Wolfgang Koeppen: Das Treibhaus
Milan Kundera: Die unerträgliche Leichtigkeit des Seins
Siegfried Lenz: Deutschstunde
Primo Levi: Das periodische System
W. Somerset Maugham: Der Magier
Carson McCullers: Das Herz ist ein einsamer Jäger
Ian McEwan: Der Zementgarten
Harry Mulisch: Das Attentat
Cees Nooteboom: Allerseelen
Michael Ondaatje: Der englische Patient
Juan C. Onetti: Das kurze Leben
Marcel Proust: Eine Liebe von Swann
Rainer Maria Rilke: Die Aufzeichnungen des Malte Laurids Brigge
Arthur Schnitzler: Traumnovelle
Jorge Semprun: Was für ein schöner Sonntag!
Georges Simenon: Der Mann, der den Zügen nachsah
Claude Simon: Die Akazie
John Steinbeck: Tortilla Flat
Botho Strauß: Paare, Passanten
Andrzej Szczypiorski: Die schöne Frau Seidenmann
Martin Walser: Ehen in Philipsburg
Oscar Wilde: Das Bildnis des Dorian Gray
Marguerite Yourcenar: Der Fangschuss

Bestellhotline:
0 40/87 97 35 40 oder
www.merian.de/shop

Die Lust am Reisen
MERIAN
ABONNEMENT

Sichern Sie sich mit Ihrem MERIAN-Jahresabonnement eines unserer attraktiven Dankeschöns: das Buch „Reisebilder" von Friedrich Dönhoff, den MERIAN Trolley, zwei große MERIAN Badetücher oder die SZ Klassik Edition (Zuzahlung 19,90 Euro).
Bitte kreuzen Sie das Dankeschön Ihrer Wahl umseitig an.

Bitte freimachen falls Marke zur Hand. Oder senden Sie per Fax an: **040/27172079**

ANTWORT

MERIAN
Leserservice
Postfach 60 12 20

D-22212 Hamburg

Die Lust am Reisen
MERIAN
GUTSCHEIN

Die Lust am Reisen
MERIAN
PREMIUM SHOP

LESELUST
Die Bibliothek der SZ

Genießen Sie 50 große Romane und Klassiker des 20. Jahrhunderts. Ergreifen Sie diese letzte Gelegenheit und bestellen Sie diese einzigartige Edition zum Sonderpreis von 196 Euro.
Kennwort: SZ-Bibliothek

Bitte freimachen falls Marke zur Hand. Oder bestellen Sie per Fax: **040/27172079**

ANTWORT

MERIAN
Premium Shop
Postfach 60 12 20

D-22212 Hamburg

- [ ] Ich abonniere MERIAN im Jahres-Abonnement für mich selbst.
- [ ] Ich bestelle das Mini-Abonnement von MERIAN für mich selbst.[1]
- [ ] Ich möchte ein MERIAN Jahres-Abonnement verschenken.

Name / Vorname des Beschenkten

Straße / Haus-Nr. / PLZ / Ort

Tel.-Nr. / E-Mail

Die Rechnung und das umseitig jeweilige Dankeschön gehen an: (Adresse bitte unten eintragen). Der Jahres-Abo-Preis für 12 Ausgaben MERIAN beträgt 76,40 Euro frei Haus (innerhalb Deutschlands; Auslandspreise auf Anfrage).

Name / Vorname des Bestellers

Straße / Haus-Nr. / PLZ / Ort

Tel.-Nr. / E-Mail

Gewünschte Zahlungsweise bitte ankreuzen:

- [ ] **Gegen Rechnung** (Bitte keine Vorauszahlung leisten)
- [ ] **Bankeinzug** (Bequem und bargeldlos)

Bankleitzahl Kontonummer

Geldinstitut

Vertrauensgarantie: Die Bestellung wird erst wirksam, wenn sie nicht binnen zwei Wochen schriftlich beim MERIAN Leserservice, Postfach 60 12 20, 22212 Hamburg, widerrufen wird. Zur Wahrung der Frist genügt die rechtzeitige Absendung des Widerrufs. Dieses Angebot gilt nur in der Bundesrepublik Deutschland und solange der Vorrat reicht. Das Dankeschön darf ich auch bei Widerruf behalten.
1) Wenn ich nicht innerhalb von 2 Wochen nach Erhalt der 2. Ausgabe des Mini-Abonnements schriftlich beim Leserservice absage, beliefern Sie mich bitte im Jahres-Abonnement (12 Hefte zum Vorzugspreis von 76,40 Euro).
Die Kenntnisnahme dieser Hinweise bestätige ich durch meine Unterschrift:

Datum / Unterschrift ME 02/06 23805/23806/23807

Ich wünsche mir folgendes Dankeschön:

Für das Jahres-Abonnement oder das Jahres-Abonnement als Geschenk

- [ ] das Buch „Reisebilder“ von Friedrich Dönhoff
- [ ] den MERIAN Trolley
- [ ] zwei große MERIAN Badetücher
- [ ] die SZ Klassik Edition (Zuzahlung 19,90 Euro)

Für das Mini-Abonnement

- [ ] das MERIAN extra Deutschland

Unser Dankeschön für Ihr Interesse am Mini-Abo: MERIAN extra Deutschland

Ein MERIAN Abonnement bietet Vorteile:

1. 15% Preisvorteil
Sie erhalten 12 Ausgaben zum Vorzugspreis von 76,40 Euro statt 90,00 Euro.

2. Service
Sie erhalten jede MERIAN-Ausgabe pünktlich frei Haus. Porto und Verpackung zahlen wir für Sie.

3. Vertrauensgarantie
Eine Bestellung wird erst wirksam, wenn sie nicht binnen 14 Tagen schriftlich beim MERIAN-Leserservice, Postfach 60 12 20, 22212 Hamburg, widerrufen wird. Zur Wahrung der Frist genügt die rechtzeitige Absendung des Widerrufs.

4. Geld-zurück-Garantie
Sie können Ihr Abonnement jederzeit kündigen und erhalten für gezahlte und noch nicht gelieferte Hefte natürlich Ihr Geld zurück.

Bestellen Sie einfach und bequem per

MERIAN-Leserservice
Postfach 60 12 20
22212 Hamburg

040 / 87 97 35 40

040 / 27 17 20 79

www.merian.de

Die Lust am Reisen

MERIAN

GUTSCHEIN

Lust auf Reisen?

MERIAN präsentiert zwölfmal jährlich ein lebensnahes und facettenreiches Porträt einer Stadt, einer Region oder eines Landes auf höchstem Niveau. Mit dem monatlich erscheinenden Magazin MERIAN erleben Sie einzigartige Bilder und packende Reportagen.

Das ist ein Geschenk für:

____

Die nächsten 12 Ausgaben sind ein Geschenk von:

____

Die Lieferung beginnt, sobald die oben stehende Abo-Postkarte ausgefüllt an den MERIAN Leserservice, Postfach 60 12 20, 22212 Hamburg eingegangen ist.

Ich möchte bestellen.
Bitte liefern Sie die Produkte an folgende Adresse:

Name / Vorname des Bestellers

Straße / Haus-Nr.

PLZ / Ort

Tel.-Nr. / E-Mail

Datum / Unterschrift ME 02/06

Rechnung abwarten – bitte keine Vorauszahlung leisten.
Die Lieferung erfolgt, innerhalb Deutschlands, porto- und versandkostenfrei. Auslandslieferungen auf Anfrage.

- [ ] Mit der Zusendung von Informationsmaterial bin ich einverstanden.
- [ ] Ich habe den Bestellwert von 25,– Euro erreicht und erhalte „Best of MERIAN“ als Dankeschön dazu.

Ein Sammlerstück, das man nicht kaufen kann! „Best of MERIAN“ Ab einem Bestellwert von 25,00 Euro erhalten Sie das „Heft der Hefte“ kostenlos.

Bitte tragen Sie hier die Kennwörter, Anzahl und Preise ein:

Kennwort	Anzahl	Einzelpreis (Euro)	Gesamtpreis (Euro)

Summe

Online geht die Reise los.

www.merian.de
Tausende von Reisezielen, Eventkalender, Reportagen, Tipps & Empfehlungen und weitere exklusive Angebote im MERIAN Premium Shop

Fotos: Michael Schober

König der Lüfte: Die Zahl der Steinadler im Nationalpark Hohe Tauern wuchs in den vergangenen Jahren stetig. Zu Anfang des 20. Jahrhunderts waren sie fast ausgerottet. 2005 wurden schon wieder 43 Paare des unter Naturschutz stehenden großen Greifvogels gezählt

Salzburgs Himmel, Salzburgs Sehnsucht

Eine Reise durch den Nationalpark Hohe Tauern

Gipfel-Giganten: Über dem Fuschertal erheben sich majestätisch Großglockner, Sonnenwelleck, Fuscherkarkopf, Hohe Dock, Großes Wiesbachhorn und Hoher Tenn (von links)

DIE TAUERN

TEXT: MARTIN RASPER

Durch ungezähmtes Gebirge: Die Großglockner-Hochalpenstraße verbindet seit 1935 das Salzburger Land mit Kärnten. Vom Aussichtspunkt Edelweißspitze (2572 Meter) blickt man weit über das Fuschertal zum Brennkogel (3018 Meter)

Foto: Peter Rohrmoser

Wer in früheren Zeiten hier durchmusste,

hatte für die großartige Landschaft keinen Blick

Frei laufende Pferde in einem Hollersbacher Seitental. Seit 400 Jahren werden die Pinzgauer Noriker von den Bauern im Salzburger Land rasserein gezüchtet. Die geduldigen Kaltblüter sind sehr gut geeignet für die Arbeit in der alpinen Landwirtschaft

Die Wildnis ist ein Luxus, den man sich

Schnee und Eis in frühmorgendlicher Sonne, so weit das Auge sieht: links vom Mölltaler Gletscher, dem Standpunkt, das Land Salzburg, rechts das Bundesland Kärnten

Foto: Michael Schober

Die Natur so richtig spüren und erleben – das ist das Motto der geführten Wanderungen im Nationalpark

nur in Maßen leisten kann

Der beste Weg, sich den Hohen Tauern zu nähern, führt durch den Speisesaal des Salzburger Hauptbahnhofs. Marmorverkleidete Wände, Kronleuchter und plätschernde Brünnlein rufen den Luxus der k.u.k. Zeit wach. An der Wand aber: ein riesiges, gut 15 Quadratmeter großes Gemälde, eine Hochgebirgslandschaft, wild, lebensfeindlich – die Hohen Tauern, durchquert von den Schwüngen der Glocknerstraße. Das Arrangement symbolisiert perfekt das Verhältnis der Stadt zu ihrem Gebirge. Die Tauern sind Salzburgs Sehnsuchtsort, sein unbewusster Fluchtpunkt; bei aller kulturellen Raffinesse ist die Stadt doch eingebunden in das Kraftfeld des Gebirges. Was im Urbanen als Kulturleistung erstrahlt, hat in den Tauern seinen natürlichen Widerpart: Die Wildnis als das Gegenstück zur barocken Dekadenz; der Großvenediger als metaphysischer Kontrapunkt zur Festung Hohensalzburg.

Es gibt aber auch noch einen handfesteren Zusammenhang: Ohne das Gebirge im Süden ihres Gebiets wäre die Stadt nicht das, was sie ist. Jahrhundertelang haben die Salzburger Fürstbischöfe mit den Reichtümern der Berge ihre Macht finanziell ausgepolstert; in erster Linie mit dem Salz, immer auch mit den Mauteinnahmen an den Passwegen, während einiger Jahrhunderte aber besonders mit dem Gold, Silber und anderen Erzen aus dem Gebirge. Zur Blütezeit des Goldabbaus von der Mitte des 15. bis zum Ende des 16. Jahrhunderts wurden insgesamt 50 000 Kilogramm Gold gefördert, was den Tauern den Beinamen „Klein-Peru" einbrachte. Bald allerdings begannen die Minen im echten Peru und in Bolivien ungleich günstiger zu liefern, und das Tauerngold wurde Opfer einer Frühform der Globalisierung.

Jetzt aber hinein in die Landschaft! Am besten gleich in die hinterste Ecke des Landes, in den Oberpinzgau, wo die Salzach ihren Anfang nimmt. Dort liegt das Örtchen Krimml, das bis zum Bau der Gerlos-Passstraße hinüber ins Zillertal in den sechziger Jahren so ziemlich das Ende der Welt darstellte – obwohl es mit seinen Wasserfällen über ein Naturschauspiel verfügt, das in den Alpen nicht seinesgleichen hat. In drei großen Stufen stürzt das Wasser der Krimmler Ache über fast 400 Höhenmeter zu Tal, wild und doch elegant. Eine Dynamik wie eine Mozart-Sonate. Erster Satz, allegro: die oberste Fallstufe, eine schäumende und tosende Kaskade von beeindruckenden 140 Metern Höhe. Zweiter Satz, andante cantabile: eine etwas flachere Fließstrecke, gefolgt von einem zweistufigen Fall und einer eleganten S-Kurve, geschmückt von dem pittoresk über das Wasser gebauten Gasthof „Schönangerl". Schließlich der dritte Satz, allegro furioso: eine rasante, sich ständig steigernde Folge aus drei, vier, fünf riesigen Wasserfällen, die ineinander übergehen und an jedem anderen Ort jeder für sich eine Attraktion wären; es strömt und schießt und rauscht und gischtet – wenn Gott baden würde, wäre dies sein Whirlpool! Kein Wunder, dass die Reisenden des 19. Jahrhunderts sich begeistern ließen. Auf manchen alten Ansichten wirken die Fälle fast zu großartig, um wahr zu sein – als hätte ein romantischer Künstler sie im Absinthrausch ersonnnen, um all seinen Landschaftsphantasien die Krone aufzusetzen.

In den Tauern geht es nie nur um das,

Beton am Berg: Das Parkhaus in Heiligenblut (Kärnten) hat Großstadtformat. Nicht die schönste, aber eine zweckmäßige Station an der Großglocknerstraße

Überwindet man die Höhenstufe der Wasserfälle, fährt oder wandert hinauf in das Hochtal der Krimmler Ache, so folgt ein Landschaftserlebnis ganz anderer Art. Das Tal wirkt so weit, dass man sich in den Kaukasus oder den Himalaya versetzt fühlt; es öffnet sich mit ausholender Gebärde, statt sich wie andere Täler von den steilen Bergen einklemmen zu lassen.

Gemächlich mäandert der junge Fluss vor sich hin, bei jedem Schritt eröffnen sich neue großartige Ausblicke; und die Berge erstrahlen in vollendetem farblichen Dreiklang, dunkelgrüner Zirbenwald, herbstlich braune Grasdecke, ganz oben die bereits vom Neuschnee strahlend weiß überzuckerten Gipfel.

Glücklich der neuzeitliche Wanderer, der sich den zweckfreien Blick leisten kann! Wer in früheren Zeiten hier durchmusste, kann für die Großartigkeit der Landschaft kaum einen Blick gehabt haben. Denn trotz seiner Abgelegenheit war das Krimmler Achental ein seit alters genutzter Gebirgsübergang. Weil am Brenner, dem niedrigsten Alpenpass, üppige Zölle verlangt wurden, waren solche kleinen, nur zu Fuß und mit Maultieren gangbaren Wege wie der vom Südtiroler Ahrntal in das Salzburger Achental trotz der Höhe von 2633 Metern regional durchaus bedeutsam.

Von Süden her wurden vor allem Wein, Branntwein und Gewürze transportiert, in der Gegenrichtung Salz und Pelze. Mindestens seit dem 14. Jahrhundert existierte als Stützpunkt auf dem Weg das Krimmler Tauernhaus, Vorposten der Zivilisation auf 1631 Meter Höhe und Lebensretter für manchen Reisenden. Die Wirte bekamen von den Landesherren vertraglich vereinbarte Weiderechte und Getreiderationen und mussten dafür den Pfad instandhalten sowie in Not geratene Reisende versorgen.

Das Krimmler Tauernhaus, heute noch beliebtes Ausflugsziel, enthält eine der ältesten Gaststuben des Salzburger Landes, mit Täfelungen, die mindestens so alt wirken wie die schroffen Gipfel vor dem Haus. Wie man sich täuschen kann: Zumindest die hübschen Malereien auf dem Holz wurden erst im 19. Jahrhundert von umherziehenden ladinischen Malern angebracht.

In den Tauern geht es nie nur um das, was ist, sondern immer auch um das, was sein könnte. Der berühmte „Möglichkeitssinn", den der österreichische Schriftsteller Robert Musil dem Wirklichkeitssinn gegenüberstellte, ist hier besonders ausgeprägt. Die harte Realität schärft den Sinn für Visionen. Das Gebirge ist zwar Wildnis, Bedrohung, Verkehrshindernis, aber auch Herausforderung und Chance. Dieser Gegensatz ist bis heute spürbar.

Wer sich in den Tauern bewegt, bemerkt das Walten des Möglichkeitssinns überall. Was ließe sich hier nicht alles machen! Den Tunnelbauer juckt es in den Fingern angesichts der sperrigen Dreitausender, den Wasserbauingenieur locken die steilen Täler. Österreich nutze nur gut die Hälfte seiner Wasserkraft-Reserven, rechnete die Energiewirtschaft in den achtziger Jahren vor. Und so stehen hinter den Ingenieursleistungen wie der Großglockner-Hochalpenstraße, dem Felbertauerntunnel oder dem Wasserkraftwerk Kaprun die nicht realisierten Projekte wie stumme Schatten.

Was war hier nicht alles geplant: Skigebiete in jedem Winkel bis auf die

was ist, sondern auch um das, was sein könnte

Steinböcke sieht man selbst in den Hohen Tauern selten. Die geübten Kletterer halten sich gern in heftig umwehten Felswänden auf, da dort der Wind genießbare Pflanzen vom Schnee freilegt

Mineralien-Mekka: Im Habachtal wurde Gestein aus tiefen Erdschichten durch die Gebirgsfaltung an die Oberfläche gedrückt. Wie in dieser Steinmure vor dem Gasthof Alpenrose findet man deshalb hier die unterschiedlichsten Steine

Tröstlich, dass in Wahrheit immer noch die

Gletscher des Großvenedigers, Stauseen in jedem größeren Tal. Das Projekt „Großkraftwerk Oberpinzgau" hätte die Gegend in eine Wasserkraftlandschaft verwandelt; auch die Krimmler Ache wäre gestaut worden, und eine tageszeitlich abgestimmte „Restwassermenge" sollte die Wasserfallfassade aufrechterhalten. Auch jetzt sind nicht alle Pläne vom Tisch – im Gegenteil: Der steigende Ölpreis macht die Wasserkraft immer attraktiver. Schon verkünden einige Bürgermeister, zumindest über kleinere Kraftwerke müsse man „wieder reden dürfen". Auch auf dem Gebiet des Nationalparks.

Oha. Der Nationalpark. Das Herz der Tauern. 1800 Quadratkilometer geschützte Landschaft mitten in Europa, darunter 800 auf Salzburger Gebiet. „Auf Dich sind wir stolz", plakatiert die Nationalparkverwaltung unter dem Foto eines Steinbocks. Ferdinand Rieder seufzt. Das mit dem Stolz ist so eine Sache. Der 50-jährige Rieder, Herr über die Nationalpark-Ranger, von Anfang an dabei, ist ein kerniger Typ, kräftig, braun gebrannt, wetterfest, aber auch fähig zu leisen Tönen – kurz, einer, der so vielseitig ist wie die Natur selbst. Viele Einheimische wüssten gar nicht zu schätzen, was sie am Nationalpark haben, meint Rieder. Meckern nur über die Einschränkungen. Schauen neidisch auf Kaprun, das mit seinen Liften rund ums Jahr Saison hat. Dabei sei die Nationalparkverwaltung noch gemäßigt. Lasse die Besucher mit den „Nationalparktaxis" bis in die hintersten Täler fahren und den Einheimischen ihre angestammten Rechte. Und in welchem anderen Nationalpark gebe es das schon, dass es nicht verboten sei, Steine mitzunehmen? Dass man wie im Habachtal nach Smaragden suchen darf?

Die Leute um Rieder wissen, dass die reine Wildnis auch hier im Nationalpark ein Luxus ist, den man sich nur in Maßen leisten kann. Deshalb versuchen sie vor allem, die Menschen für die Natur zu interessieren. Mehr als 10000 Schüler tummeln sich jedes Jahr im Nationalpark, angeleitet von den Rangern. Und dabei geht es weniger um die Stars, den Steinbock, den Adler, den Bartgeier, sondern mindestens ebenso um das Kleine, Unspektakuläre.

Die Spinnendichte auf einer Wiese ermitteln. Im Bach nach Köcherfliegenlarven suchen. Tierspuren erkennen. Wegschnecken zählen. Weg von den klischeehaften Naturbildern, weg auch von der Schönwetter-Einstellung, die nur Sonnenschein als passendes Wetter für das Naturerlebnis gelten lässt und bei Wolken automatisch an die Fernbedienung denkt. „Der blaue Himmel ist einfach zu stark drin im Kopf", schimpft Rieder.

Tröstlich, dass in Wahrheit immer noch die Natur das letzte Wort hat. Ein Mittag am Hintersee, in dem grandiosen Talschluss des Felbertales, mit den senkrechten Felswänden des Hohen Herds, die so wirken, als hätte ein Bildhauer sie im Rausch ausge-

Niedliche Nager: Von der Baumgrenze bis hinauf zu einer Höhe von 2700 Metern besiedeln Murmeltiere alpine Rasenfelder in den Tauern. Viele werden zur Beute von Steinadlern

Natur das letzte Wort hat

kerbt. Ein Blick hoch zum Hauptkamm, der hier auf weniger als 2500 Meter Höhe herabsteigt, hatte das Schauspiel schon angekündigt. Inmitten eines stechend blauen Himmels lauerte da eine flaumig weiße Wolke auf der Kante, verdächtig auseinandergezogen durch den Wind, der dort oben mit Höllengeschwindigkeit wehen musste. Und pötzlich erreicht es auch unten den See. Als hätte einer einen Hebel gezogen, dreht der Wind auf. Ein gespenstischer Wind, der aus dem Nichts zu kommen scheint, begleitet von strahlender Sonne. Und eiseskalt. In kürzester Zeit ist man bis auf die Knochen durchgefroren. Das Wasser des kleinen Sees leuchtet in psychedelischem Jadegrün, die Wellen jagen heran wie Schwärme von Hornissen, und die von der Luftfeuchtigkeit aufgeladenen Sonnenstrahlen fallen schräg vom Gebirgskamm herunter. Es sieht aus, als würde der Wind auf ihnen reiten. □

Martin Rasper, *studierter Geologe und Alpenkenner, ist Autor in München.*

MERIAN | TIPP Nationalpark Hohe Tauern

Der größte Nationalpark Österreichs ist 1787 km² groß, davon gehören gut 800 km² zu Salzburg, 373 km² zu Kärnten und 610 km² zu (Ost-)Tirol. Er umfasst das Kerngebiet der Hohen Tauern mit Großvenediger (3666 m), Großglockner (3798 m, der höchste Berg Österreichs) und Ankogel (3252 m). Ein Paradies für Wanderer und Naturfreunde, aber auch für Familien mit Kindern geeignet.

Empfehlenswertes Tourenbuch: „Erlebnis Nationalpark Hohe Tauern“, Band Salzburg, 1992, 16 Euro, zu bestellen bei der **Nationalparkverwaltung Salzburg Tel. (06565) 65 58 oder unter www.hohetauern.at E-Mail: nationalpark@salzburg.gv.at**

Tourentipp Winter: Geführte Schneeschuhwanderung durch die Sulzbachtäler, Dauer ca. 5 Std., Kosten: 6 bis 9 Euro, immer donnerstags, Anmeldung bei der Parkverwaltung, Tel. (065 65) 65 58

Tourentipp Sommer: Ein Klassiker ist die anspruchsvolle Tageswanderung vom Wildgerlostal über die Roßkarscharte ins Krimmler Achental, hinunter zu den Wasserfällen. Das Touren-Programm im Internet: www.hohetauern.at

Peter Rigaud fotografierte die Schauseite Salzburgs an der Salzach

Bildnachweis

Anordnung im Layout: o = oben, u = unten r = rechts, l = links, m = Mitte.
Titel: Peter Rigaud; Titel Teilauflage Salzburger Land: Fan & Mross/Paul Achterberg; S. 3 lo Michael Müller, l m Fan & Mross/Achterberg, r o Andreas Riedmiller, m Robert Köhler, u Tanja Rupprecht-Becker;Faltplan: Michael Rogosch/Residenz Verlag, Thomas Klinger, Tourismus Salzburg; S. 4/5 Michael Schober, S. 4 m Stefan Becker, S. 4 u Hark Weidling, S. 5 m Dennis Williamson, S. 5 lu Arthur F. Selbach, ru Imagno-Austrian Archives; S. 8 o Archiv der Salzburger Festspiele/Jurischek, m Bernd Uhlig, u Bibliothek St. Peter/Löbl-Schreyer, Bad Tölz; S. 10 o Christian Schneider, lu Pramod Mondhe, ru I.Widauer; S. 14 T. Klinger, S. 15, 19 P. Rigaud; S. 16/17 Guenther Thoeni/ Ag. Anzenberger; S. 18 Rainer Jahns; S. 20/21 Peter Rohrmoser; S. 22 Gregor M. Schmid, S. 23 T. Klinger; S. 24/ 25 A. F. Selbach; S. 27 Tony Anzenberger/ Ag.Anzenberger; S. 28/29 Michael Rogosch/Residenz Verlag; S. 30/31 Monika Rittershaus; S. 32/33 British Library, S.33 u Imagno; S.34 T. Klinger, S.35; S. 36 Imagno, S. 37 T. Klinger; S. 38 Rainer Drexel/ Bilderberg, S. 39 Luigi Caputo/laif; S. 40 Imagno/Austrian Archives; S. 43 AKG; S. 44/45; 48/49; 50 P. Rigaud; S. 46 o Reinhard Schmid/ Bilderberg, S. 46 u, 47, 51, 52, 53 Arthur F. Selbach; S. 54 bis 62 Stefan Becker; S. 64 dpa-Report/Tor; S. 66/ 67 bis 71 D. Williamson, S.67 ru P. Rigaud; S.72/73 bis 78 D. Williamson; S. 80 Andrej Reiser/ Suhrkamp Verlag; S.82 Picture Alliance/akg-images, S.83 Imagno/NB; S.84/85 bis 88 Cathrine Stukhard; S. 90 l Christian R.Schulz, r Alexander Haselhoff/Verlag Zabert Sandmann; S. 92/93 Dietmar Sochor; S. 94 lo Bildagentur Huber /Gräfenhain, ro Europasportregion Zell am See; S. 100/101 Michael Schober; S. 102/ 103 Peter Rohrmoser, S.104 o Andreas Riedmiller/ Das Fotoarchiv, S. 105 o, 106 u, 108 o A. Riedmiller, S. 104/105 u, S. 107, 109 M. Schober; S. 111 A. Riedmiller, S. 112 l m, ro T. Klinger, S. 113 ro Salzburger Museum Carolino Augusteum/Andreas Hechenberger; S. 114 l m T. Klinger, ro A. F. Selbach; S. 116 H. Weidling; S. 118 l u Bildarchiv der Österreich Werbung/ Weinhaeupl, ro Peter Rohrmoser; S. 120 l u Rainer Jahns, ro D. Williamson; S. 122 Gregor M. Schmid, S. 123 Heuer/laif; S. 124 m; S. 126 o Cathrine Stukhard/Photoarchiv Lammerhuber, S. 124 ro Hotel Bristol; S. 128 Tony Anzenberger/ Ag.Anzenberger; S. 130 Salzburg Museum Carolino Augusteum; S. 134/ 135 Planetobserver.com M-sat; S. 136 l o, r m akg-images, l m Christian Doppler Forschungs- und Gedenkstätte, ru Archiv der Salzburger Festspiele/ Ellinger; S. 138 o Hamid Sardar/Corbis, lu Nicoll/laif, r u Marc Oliver Schulz

MERIAN

Heft 2/2006, Februar, Erstverkaufstag dieser Ausgabe ist der 26.01.2006
MERIAN erscheint monatlich im Jahreszeiten Verlag GmbH, Poßmoorweg 5, 22301 Hamburg
Tel. 040/27 17-2600, Fax 040/27 17-2628 **Anschrift der Redaktion:** Poßmoorweg 2, 22301 Hamburg
Postfach 130444, 20139 Hamburg, E-Mail: Redaktion@Merian.de, Tel. 040/27 17-0
Website: www.merian.de **Leserservice:** Postfach 601220, 22212 Hamburg
Tel. 040/87 97 35 40, Fax 040/27 17-20 79 **Syndication:** www.jalag-syndication.de
GourmetPictureGuide: Stefanie Lüken, Tel. 040/271 720 02, Fax 040/27 17 20 89, www.gourmetpictureguide.de

Herausgeber: Manfred Bissinger
Chefredakteur: Andreas Hallaschka
Art Directorin: Sabine Lehmann **Chef vom Dienst:** Tibor M. Ridegh
Redakteure: Kathrin Sander, Charlotte von Saurma, Roland Benn (freie Mitarbeit), Thorsten Kolle (freie Mitarbeit)
Redakteur dieses Heftes: Thorsten Kolle **Schlussredaktion:** Tibor M. Ridegh, Jasmin Wolf (stv.)
Layout: Ingrid Koltermann, Dorothee Schweizer (stellv. Art Directorin), Beke Jürgensen (freie Mitarbeit)
Bildredaktion: Hanni Rapp, Eva M. Ohms, Lars Lindemann (freie Mitarbeit)
Bildredakteurin dieses Heftes: Eva M. Ohms **Kartographie:** Peter Münch **Dokumentation:** Jasmin Wolf, Sebastian Schulin (freie Mitarbeit) **Mitarbeit:** Helmut Golinger, Frauke Meyer, Annett Rensing
Herstellung: Karin Harder **Redaktionsassistenz:** Sabine Birnbach, Katrin Eggers
Geschäftsführung Premium Magazine: Peter Rensmann **Verlagsleitung Premium Magazine:** Oliver Voß
Group Head Anzeigen Premium Magazine: Roberto Sprengel **Anzeigenleitung:** Christel Janßen
Anzeigenstruktur: Patricia Hoffnauer **Marketing:** Kenny Machaczek, Ulrich Rieger, Sonja Wünkhaus
Vertriebsleitung: Jörg-Michael Westerkamp (Zeitschriftenhandel), Uwe Distelrath (Buchhandel)
Verantwortlich für den redaktionellen Inhalt: Andreas Hallaschka
Verantwortlich für Anzeigen: Roberto Sprengel

Verlagsbüros Inland:
Hamburg: Tel. 040/27 17-25 95, Fax -25 20, E-Mail: vb-hamburg@jalag.de
Berlin: Tel. 030/80 96 23-60, Fax -70, E-Mail: vb-berlin@jalag.de
Hannover: Tel. 0511/85 61 42-0, Fax -19, E-Mail: vb-hannover@jalag.de
Düsseldorf: Tel. 0211/901 90-0, Fax -19, E-Mail: vb-duesseldorf@jalag.de
Frankfurt: Tel. 069/97 06 11-0, Fax -44, E-Mail: vb-frankfurt@jalag.de
Stuttgart: Tel. 0711/966 66-520, Fax -22, E-Mail: vb-stuttgart@jalag.de
München: Tel. 089/99 73 89-30, Fax -44, E-Mail: vb-muenchen@jalag.de

Repräsentanzen Ausland:
Basel: Intermag AG, Tel. +4161/275 46-09, Fax -10, E-Mail: info@intermag.ch
London: The Powers Turner Group, Tel. +44 20/7630 99 66 Fax 76 30 99 22, E-Mail: cweiss@publicitas.com
Mailand: Media & Service International Srl, Tel. +39 02/48 00 61 93, Fax 48 19 32 74, E-Mail: info@it-mediaservice.com
Paris: International Magazine Company, Tel. +331/53 64 88 91, Fax 45 00 25 81, E-Mail: imc@international.fr
Madrid: Alcála Media International Media Representation, Tel. +34 91/326 91 06, Fax -07, E-Mail: alcalamedia@retemail.es
Wien: Publimedia Internationale Verlagsvertretungen GmbH, Tel. +43 1/21530, Fax 2121602,
E-Mail: ppn-vienna@publicitas.com
New York: The Russell Group Ltd., Tel. +12 12/213 11-55, Fax -60, E-Mail: info@russellgroupltd.com

Die Premium Magazin Gruppe im Jahreszeiten Verlag

A&W Architektur & Wohnen COUNTRY DER FEINSCHMECKER WEIN Gourmet MERIAN

Gültige Anzeigenpreisliste: Nr. 38

Preis im Abonnement im Inland monatlich 6,37 € inklusive Zustellung frei Haus. Der Bezugspreis enthält 7 % Mehrwertsteuer. Auslandspreise auf Nachfrage. Postgirokonto Hamburg 132 58 42 01 (BLZ 200 100 20)
Commerzbank AG, Hamburg, Konto-Nr. 611657800 (BLZ 200 400 00)
Führen in Lesemappen nur mit Genehmigung des Verlages. Printed in Germany

Weitere Titel im Jahreszeiten Verlag: Für Sie, petra, vital, PRINZ, A&W Architektur & Wohnen, COUNTRY, DER FEINSCHMECKER, WEINGourmet, schöner reisen, ZUHAUSE WOHNEN, selber machen
Litho: Alphabeta Druckformdienst GmbH, Hamburg. Druck und Verarbeitung: heckel GmbH, Nürnberg,
ISBN: 3-8342-0602-4, ISSN 0026-0029 MERIAN (USPS No. 011-458) is published monthly. The subscription price for the USA is $ 110 per annum. K.O.P.: German Language Publications, Inc., 153 South Dean Street, Englewood NJ 07631. Periodicals postage is paid at Englewood NJ 07631, and at additional mailing offices. Postmaster: send address changes to: MERIAN, German Language Publications, Inc. 153 South Dean Street, Englewood NJ 07631.

JAHRESZEITEN VERLAG
Ein Unternehmen der
GANSKE VERLAGSGRUPPE

MERIAN
REISE-SERVICE

Bad Gastein. Das mondäne Heilbad der Belle Époque wurde ein moderner Kurort

MERIAN Top Ten

Was Sie in der Stadt und im Land Salzburg unbedingt sehen, erleben und unternehmen sollten

Texte: Christian Nowak
Stand Oktober 2005

Die Planquadrate mit großen Lettern beziehen sich auf die große MERIAN-Karte auf S. 132, mit den kleinen auf den Stadtplan S. 131

1. Festung Hohensalzburg Salzburgs meistbesuchte Sehenswürdigkeit. Von der Burg, einer der besterhaltenen Europas, hat man einen tollen Blick über die Stadt. (d 5/6)

2. Schloss Hellbrunn und Wasserspiele Lustschloss mit weltberühmten Wasserspielen. Nicht nur für Familien mit Kindern ein absolutes Muss. Liebens- und sehenswert: das mechanische Theater. (E 2)

3. Getreidegasse Die pulsierende Lebensader der Stadt. Hier treffen sich Einheimische und Touristen beim Einkaufen, Kaffeetrinken oder zum Besuch von Mozarts Geburtshaus. Die alten Zunftzeichen geben der Straße einen besonderen Charme. (b/c 4)

4. Residenz Zwei bedeutende Sehenswürdigkeiten unter einem Dach. In dem ehemaligen Repräsentationsgebäude der Fürsterzbischöfe sind die Prunkräume und die Gemäldegalerie zu besichtigen. (c/d 4)

5. Mozarts Wohnhaus Wer mehr über das Leben des großen Musikers erfahren möchte, kommt hier auf seine Kosten. Per Audioguide erfährt man aber nicht nur Vieles über Mozarts Leben in Salzburg, sondern hat auch seine Musik im Ohr. Ein etwas anderer Museumsrundgang. (c 3)

6. Salzburger Freilichtmuseum Rund 50 Gebäude aus fünf Jahrhunderten. Ein Überblick über die bäuerliche Tradition der fünf Salzburger Bezirke Lungau, Pongau, Tennengau, Flachgau und Pinzgau. Interessant sind die sonntäglichen Handwerksvorführungen. (E 2/3)

7. Großglockner-Hochalpenstraße Eine der spektakulärsten Panoramastraßen der Alpen. Aus dem grünen Fuscher Tal durch den Nationalpark Hohe Tauern nach Kärnten. Atemraubende Serpentinen und Ausblicke zum größten Gletscher und höchsten Berg Österreichs. (D 6/7)

8. Eisriesenwelt Ein Ausflug in die größte Eishöhle der Welt. Über schier endlose Treppenstufen gelangt man zu sonderbaren Eisskulpturen, die immer nur kurz im Magnesiumlicht in der ansonsten dunklen Höhle sichtbar werden. (F 4)

9. Hallein Allein der Stadtkern, der zu den ältesten und schönsten Österreichs zählt, ist einen Besuch wert. Im Keltenmuseum wird anschaulich, wie das geheimnisvolle Volk lebte und das Salz, das „weiße Gold", abbaute. Beim Abstieg in die Salzwelten von Bad Dürrnberg kann man sich vorstellen, wie es unter Tage zuging. (E 3)

10. Bad Gastein Einst Heilbad und Kurort von Weltruf mit prächtigen Villen und noblen Hotels in einmaliger Gebirgslage. Fürsten und Prominente haben hier im heilenden, radonhaltigen Wasser gebadet. Atmosphäre heute: charmant und nostalgisch. (E/F 6)

MERIAN | WASSERSPIELE

Hohe Luftfeuchtigkeit am Schloss Hellbrunn

Trotz seines seriösen Berufs muss der **Fürsterzbischof Markus Sittikus** ein Spaßvogel gewesen sein. Wie anders ließe sich sonst erklären, dass er 1612 den Auftrag zum Bau des **Schlosses Hellbrunn** und seiner **Wasserspiele** erteilte. Dort gibt es nämlich nicht nur Springbrunnen und künstliche Wasserfälle, sondern an jeder Ecke verbergen sich (hinter)listige Fontänen, die den Besucher in unerwarteten Augenblicken nass spritzen. Hier ein Wasserstrahl aus einem Hirschgeweih, dort aus dem Mund eines Fauns, und an anderer Stelle wird man in einem lauschigen Durchgang geduscht. Auch an scheinbar sicheren Plätzen sollte man sich nie in Trockenheit wiegen: Im Park hat der Fürsterzbischof einen großen Steintisch errichten lassen, um den Steinschemel gruppiert sind. An einem warmen Sommertag der ideale Platz für eine entspannende Mahlzeit mit herrlichem Blick auf das Schloss.

Sauber: Wassersprudelnde Hirschfigur

Für die Gäste des Fürsterzbischofs nahm das Picknick hier oft ein nasses Ende, denn alle Sessel, außer dem des Gastgebers natürlich, waren so präpariert, dass aus ihrem Inneren eine kräftige Fontäne auf das Gewand des Gastes geschleudert werden konnte. Der Erzbischof selbst blieb trocken und klopfte sich wahrscheinlich begeistert auf die Oberschenkel, während seine Gäste wie begossene Pudel dasaßen, und aus Etikettegründen vermutlich sogar noch gute Miene zum nassen Spiel machen mussten.
Hellbrunn ist das ideale Ausflugsziel für Familien mit Kindern und für alle Erwachsenen, die das Kind in sich bewahrt haben. Einen Besuch wert ist das **Mechanische Theater,** in dem mit Hilfe von 256 Figuren, die mit Wasserkraft angetrieben werden, der Tagesablauf in einer Stadt des 18. Jahrhunderts nachgestellt wird.
Bei aller Begeisterung für die Wasserspiele sollte man den Besuch des Schlosses nicht vergessen. Denn das von **Santino Solari,** dem Architekten des Salzburger Doms, erbaute barocke Lustschloss beeindruckt durch seine üppige Innenausstattung.

(e 6) Fürstenweg 37, Tel. 820 37 20, www.hellbrunn.at
April, Okt. 9-16.30, Mai, Juni, Sept. 9-17.30, Juli, Aug. 9-18, Juli/August Abendführungen zu den Wasserspielen um 19, 20, 21 und 22 Uhr, 8,50 €, abends (nur Wasserspiele) 8 €

Aufführung von Mozarts Krönungsmesse im Salzburger Dom

SALZBURG

(b 4) Alte Pferdeschwemme/ Hofmarstallschwemme

In dem prächtigen Brunnen, im 17. Jahrhundert von dem großen Barockbaumeister Fischer von Erlach erbaut, wurden die Pferde gesäubert, ehe sie wieder in die Ställe geführt wurden. Die Pferdebilder stammen von dem Salzburger Hofmaler Franz Anton Ebner.
Herbert-von-Karajan-Platz

(c 4) Alter Markt

Der schönste Platz der Innenstadt. Sehenswert sind die Alte Hofapotheke (Hausnummer 6) und das kleinste Haus Salzburgs, das Engelhaus (Nr. 10). Am Rande des Platzes befindet sich das Café Tomaselli und nur wenige Schritte entfernt das Café Fürst, wo die Mozartkugeln erfunden wurden.

(c 2) Barockmuseum

In kaum einer Stadt hätte ein Barockmuseum mehr Berechtigung als in Salzburg. Das kleine Museum im Mirabellgarten zeigt eine umfangreiche Sammlung österreichischer und italienischer Maler, darunter mehrere Gemälde des Barockmalers Johann Michael Rottmayr (1654-1730). Beachtenswert sind auch die „Apotheose der hl. Anastasia" von Hans Georg Asam und zwei Gemälde von Rubens.
Mirabellplatz 3
Zugang durch den Mirabellgarten
Tel. 87 74 32
www.barockmuseum.at
Di-Sa 9-12 und 14-17, So 10-13 Uhr, Juni, Aug. Di-Sa 10-17, So 10-13 Uhr 3 €

(d 4/5) Dom

Der Dom gilt als das eindrucksvollste sakrale Bauwerk des Spätbarock diesseits der Alpen. Erbaut wurde er von 1614 bis 1628 nach Plänen von Santino Solari, die beiden Türme wurden erst zwischen 1652 und 1655 angefügt.
Im Oktober 1944 von einer britischen Fliegerbombe zerstört, wurde der Dom bis 1959 neu errichtet. Die vier Statuen vor dem Eingang stellen (von links nach rechts) Bischof Rupert, der die Kirchengemeinde in Salzburg gegründet hat, die Apostel Petrus und Paulus und Bischof Virgil dar. Der Letztgenannte war auch für den ersten Dombau an selber Stelle zwischen 767 und 773 verantwortlich. Sehenswert das Dommuseum, das rechts vom Eingang über einige Stufen zu erreichen ist. Zu dessen erlesensten Stücken zählt das so genannte Rupertuskreuz aus dem 8. Jahrhundert, das dem Heiligen allerdings fälschlicherweise zugeschrieben wird. Auf dem Domplatz, während der Festspiele Schauplatz der Jedermann-Aufführungen, verdient die Mariensäule (erbaut 1766-71) Beachtung.
Domplatz 1
6.30-17, im Sommer bis 19, Sonn- und Feiertage ab 8 Uhr
Dommuseum, Tel. 84 41 89
Anfang April-Ende Okt. und Ende Nov. bis Anfang Jan. Mo-Sa 10-17, So 11-18 Uhr, 5 €

(b/c 4) Festspielhaus und Felsenreitschule

Das Große Festspielhaus (1956-60), dessen Fassade 1693 von Fischer von Erlach erbaut

wurde, fasst 2200 Besucher und ist damit der wichtigste Spielort während der Festwochen. Wenn Sie sich über die großen Eingangstore wundern – früher waren hier Stallungen untergebracht. Die Felsenreitschule ist ein ganz besonderer Spielort, denn hier fanden im 17. Jahrhundert Reitturniere und Tierhatzen statt. Die drei aus dem Fels gehauenen Arkadengalerien verleihen der Bühne ein einmaliges Flair.
Hofstallgasse 1, Tel. 84 90 97
Besuch nur mit Führung, Jan.-Mai und Okt.-Dez. 14 Uhr, Juni, Sept. 14, 15.30 Uhr, Juli, Aug. 9.30, 14, 15.30 Uhr, 5 €

(c/d 5) Friedhof St. Peter

Die Lage am Fuße des Mönchsbergs und die vielen kunstvoll geschmiedeten Eisenkreuze machen St. Peter zu einem der schönsten Friedhöfe Europas. Bereits seit dem 7. Jahrhundert werden hier Tote bestattet. Die Grabplätze sind inzwischen so rar, dass lediglich verstorbene Ehrenbürger der Stadt auf Wunsch hier bestattet werden. Oberhalb des Friedhofs liegen die in den Berg gehauenen Katakomben, allerdings sind das, anders als der Name nahe legt, keine Begräbnisstätten, sondern Betplätze frühchristlicher Eremiten.
St.-Peter-Bezirk
Friedhof *April-Sept. tgl. 6.30-19, sonst bis 18 Uhr*
Katakomben *Mai-Sept. Di-So 10.30-17, sonst Mi, Do 10.30-15.30 und Fr-So 10.30-16 Uhr, 1 €*

(b/c 4) Getreidegasse

In der Getreidegasse schlägt das Herz Salzburgs. Hier kann man in barockem Ambiente nach Herzenslust einkaufen. Beachtenswert sind die schmiedeeisernen Zunftschilder bzw. die ihnen nachempfundenen Geschäftsschilder. In der Getreidegasse befinden sich Mozarts Geburtshaus und die Ausstellung „Next to Mozart" **(Getreidegasse 7, Tel. 842 25 80 31** *9-19 Uhr).* Ob die „Multi-Media-Show" mit sprechenden Wachsfiguren, die einen Einblick in die Zeit Mozarts vermitteln will, das Eintrittsgeld von 14 Euro wert ist, mag jeder selbst entscheiden.

(b 3) Haus der Natur

Vor allem bei Familien ist das Haus der Natur sehr beliebt – eine gelungene Mischung aus Naturkundemuseum, Aquarium und Wissenschaftsausstellung.
Museumsplatz 5, Tel. 842 65 30
www.hausdernatur.at
tgl. 9-17 Uhr 4,50 €

MERIAN | TIPP

Salzburger Museum Carolino Augusteum

Vom 27. Januar 2006 bis zum 7. Januar 2007 wird in der Neuen Residenz die große Sonderausstellung VIVA!MOZART gezeigt. Am 31. Mai 2007 eröffnet hier das Salzburg-Museum seine Pforten (Mozartplatz 1).
Das von Johann Michael Sattler 1829 fertig gestellte Rund-Gemälde (Foto) mit 26 Meter Umfang und fünf Meter Höhe ist bereits seit Oktober 2005 im Panorama-Museum in der Neuen Residenz zu bewundern.
(c 4) Residenzplatz 9
Tel. 620 80 87 30, www.smca.at
tgl. 9-18 Uhr, 2 €

MERIAN | ALTSTADTSPAZIERGANG

Zu Fuß, per Bahn und in der Kutsche

Ein guter Ausgangspunkt für einen Altstadtrundgang ist die **Festung Hohensalzburg.** Sportliche steigen zu Fuß zur Festung hinauf, doch es gibt auch die **Festungsbahn,** die seit 1892 verkehrt. Von oben hat man den besten Blick über die Stadt und kann die geplante Spazierroute schon mal in Augenschein nehmen.
Nur wenige Schritte von der Talstation entfernt liegt der **Friedhof St. Peter.** Er ist wegen seiner schönen schmiedeeisernen Grabkreuze sehenswert. Das **Kloster St. Peter** hat eine eigene Bäckerei, und die gilt als die beste der Stadt. Wer sich für die Stadtwanderung noch mit Proviant versorgen möchte, kann dies, direkt gegenüber dem Friedhofsausgang, in der **Stiftsbäckerei St. Peter** tun.
Nur 50 Meter sind es von hier zum **Dom**. Weltberühmtes Theater wird Jahr für Jahr zur Festspielzeit auf dem Domplatz geboten, wenn Hugo von Hofmannsthals **„Jedermann"** zur Aufführung kommt.
Nur wenige Schritte sind es zum **Residenzplatz.** Hier warten die **Fiaker** auf ihre Kunden, und man kann jetzt den Rundgang zur Rundfahrt machen und sich in der Kutsche von Sehenswürdigkeit zu Sehenswürdigkeit fahren lassen. Die **Residenz** ist nicht nur von außen sehenswert: Die Prunkräume tragen ihren Namen nicht von ungefähr, die üppige Ausstattung ist beeindruckend.

Grabkreuze auf dem Friedhof St. Peter

In Salzburg liegen die Attraktionen nahe beieinander, und so ist der Besucher rasch am **Mozartplatz.** In der Neuen Residenz ist im **Mozartjahr 2006** eine Sonderausstellung zu Ehren des großen Komponisten zu sehen. Über den Waagplatz kommt man zur **Judengasse** und damit zur Fußgängerzone. Am **Alten Markt** ist im berühmten **Kaffeehaus Tomaselli** eine Ruhepause zu empfehlen. Danach geht es durch die betriebsame **Getreidegasse,** Salzburgs Shoppingmeile. Linkerhand passiert man die Multi-Media Ausstellung „Next to Mozart" und gelangt zu **Mozarts Geburtshaus.** Auf diesem Rundgang bleibt man in der Altstadt, wendet sich nach links und kommt in den Festspielbezirk. Je nach Neigung kann man im **Haus der Natur** sein Wissen über die Tierwelt erweitern und Fische im Aquarium besichtigen oder sich im **Republic** beim Kaffee entspannen. Am **Makartsteg** endet der Altstadtspaziergang mit einem Blick auf die Salzach und die gegenüberliegende Neustadtseite.

Urbane Landschaft: Altstadt und Salzach vom Mönchsberg

(c 4) Kollegienkirche
Größte Barockkirche der Stadt, 1707 von Fischer von Erlach erbaut und als Universitätskirche geweiht. Beachtenswert die Altarbilder des bayerischen Barockmalers Johann Michael Rottmayr.
Universitätsplatz
täglich bis zur Dämmerung

(c 3-d 2) Linzer Gasse
Das Gegenstück zur Getreidegasse in der Neustadt. Auch hier kann man gut (und ein bisschen weniger „touristisch") einkaufen. Im Haus Nummer 3 lebte ein Jahr lang der berühmte Arzt Paracelsus, der nur wenige Schritte weiter in der Vorhalle der Sebastianskirche seine letzte Ruhestätte fand. Von der Linzer Gasse zweigt der Weg zum Kapuzinerkloster ab, mehrere Aussichtspunkte bieten einen herrlichen Blick auf die Altstadt. Ganz in der Nähe befindet sich die Stefan-Zweig-Villa, in der der Schriftsteller von 1919 bis zu seiner Emigration im Jahre 1934 lebte.

(c 4) Mozarts Geburtshaus
Eine kleine Enttäuschung mag für manchen Besucher Mozarts Geburtshaus sein. Die Mozarts lebten damals nicht auf allzu großem Fuß, und deswegen gibt es in der kleinen Wohnung auch relativ wenig zu sehen. Wolfgang Amadeus wohnte hier von seiner Geburt am 27. Januar 1756 bis zum Herbst 1773, ehe die Familie auf die andere Salzachseite an den Makartplatz umzog.
Getreidegasse 9
Tel. 84 43 13
www.mozarteum.at
tgl. 9-18, Juli, Aug. bis 19 Uhr (letzter Einlass 30 Min. vorher) 6 €, Kombikarte mit Wohnhaus 9,50 €

(c 3) Mozarts Wohnhaus
Mozarts Wohnhaus ist das interessantere der beiden Mozartdomizile. Hierher zog die Familie im Jahr 1773, und hier entstanden fast alle Kompositionen des Musikgenies in der Salzburger Zeit. Im Zweiten Weltkrieg zerstörte eine Fliegerbombe große Teile des Hauses. Nach dem Krieg wurde an der Stelle ein Büroneubau errichtet, der aber in den neunziger Jahren des vergangenen Jahrhunderts abgerissen und durch die Rekonstruktion des alten Mozarthauses ersetzt wurde. Die Möbel im Haus stammen zwar aus der Zeit, aber nicht aus dem Mozartschen Haushalt. Die umfangreiche Ausstellung dokumentiert das Leben der Familie Mozart, gibt aber auch einen Einblick in das Leben des 18. Jahrhunderts. Einen Schwerpunkt der Ausstellung bildet die Dokumentation der vielen Reisen des Musikers.
Makartplatz 8
Tel. 87 42 27 40
www.mozarteum.at
Öffnungszeiten und Preise siehe Mozarts Geburtshaus

(a/b 3) Museum der Moderne (Mönchsberg)
Auf dem Mönchsberg, einfach und schnell mit dem Lift zu erreichen, liegt das Museum der Moderne. Erst 2004 eröffnet, bietet es einen Einblick in die Malerei, Bildhauerei und Fotografie des 20. und 21. Jahrhunderts. Wegen der Aussicht auf die Stadt lohnt sich der Besuch auch für Kunstmuffel. Bei den Salzburgern ist der moderne Bau des Münchner Architektenteams Friedrich, Hoff und Zwink jedoch äußerst umstritten.
Mönchsberg 32
Tel. 842 22 04 01

www.museumdermoderne.at
Di-So 10-18, Mi bis 21 Uhr, 8 €

(c 4) Museum der Moderne (Rupertinum)

Modernes Museum in einem alten Barockbau von 1633. Wechselnde Ausstellungen.
Wiener-Philharmoniker-Gasse 9
Tel. 842 22 04 51
www.museumdermoderne.at
Di-So 10-18, Mi bis 21 Uhr, 6 €

(c/d 4) Residenz

Eines der historisch wertvollsten Gebäude der Stadt. Die Residenz wurde im 16. Jahrhundert von Fürsterzbischof Wolf Dietrich von Raitenau errichtet. Hier hat Wolfgang Amadeus Mozart für den Regenten musiziert. Von den über 180 Sälen werden heute die 15 Prunkräume für Repräsentationszwecke des Landes Salzburg genutzt und an zahlungskräftige Interessenten für Privatfeste vermietet. Findet keine Veranstaltung statt, können sie besichtigt werden. Im Obergeschoss der Residenz ist die Residenzgalerie untergebracht, die europäische Malerei des 16. bis 19. Jahrhunderts zeigt. In der international bedeutenden Ausstellung kann man u. a. Werke von Rubens, Breughel, Rembrandt, Giordano und Rottmayr bewundern.
Residenzplatz 1
Prunkräume: Tel. 80 42 26 90
www.salzburg-burgen.at
tgl. 10-17 Uhr (nur wenn keine Veranstaltungen stattfinden. Besucher von außerhalb sollten sich deshalb unbedingt vorher erkundigen, ob eine Besichtigung möglich ist), 8 €
Galerie: Tel. 840 45 10
www.residenzgalerie.at
Di-So 10-17 Uhr, 6 €, Kombikarte Prunkräume und Galerie 8 €

(d 2) Sebastianskirche und Sebastiansfriedhof

Die Kirche wurde zwischen 1505 und 1512 errichtet, im Laufe der folgenden Jahrhunderte aber mehrfach umgebaut, so dass man heute nur wenige Stilelemente aus der spätgotischen Bauphase entdecken kann. Sehenswert ist der Friedhof mit seinen prächtigen Grabmalen. Das wohl beeindruckendste von ihnen ist das von Erzbischof Wolf Dietrich von Raitenau (1587-1612), das dieser noch zu seinen Lebzeiten erbauen ließ. Allein die prächtigen Mosaiken in dem runden Mausoleum sind einen Besuch wert. Bescheidener ist das Familiengrab der Mozarts – in dem allerdings nicht Wolfgang Amadeus bestattet ist. In der nördlichen Vorhalle der Kirche befindet sich das Grab des Mediziners und Naturforschers Paracelsus (1493-1541).
Linzer Gasse 41, Tel. 87 52 08
tgl. 9-16, im Sommer bis 18.30 Uhr

(a 6) Stiegl's Brauwelt

Bierausstellung und Brauereiführung in Österreichs größter Privatbrauerei. Anschließend sollte eine Verkostung im Braugewölbe oder der gemütlichen Braustube Ehrensache sein.
Bräuhausstraße 9
Tel. 83 87 14 92, www.brauwelt.at
tgl. 10-17, Juli, Aug. bis 19 Uhr (letzter Einlass jeweils eine Stunde früher) 9 € inkl. Bierprobe

(b 6) Schloss Leopoldskron

Das Rokokoschloss liegt wenige Minuten außerhalb der Stadt und wurde zwischen 1736 und 1744 erbaut. Von 1918-1938 wohnte hier Max Reinhardt, der Theaterdirektor und Mitbegründer der Salzburger Festspiele. Für Amerikaner hat Leopoldskron geradezu Kultstatus, denn es diente als Filmkulisse für den Filmklassiker „The Sound of Music" mit Julie Andrews in der Hauptrolle.
Leopoldskronstraße 56-58
Tel. 83 98 30
www.schloss-leopoldskron.com
Besichtigung nur nach Voranmeldung

(c 1/2) Schloss Mirabell und Mirabellgarten

Großzügig war er, der Erzbischof Wolf Dietrich von Raitenau. Das Schloss Mirabell ließ er im Jahre 1606 für seine Geliebte Salome Alt bauen. Deswegen hieß das Schloss zunächst auch Altenau. Heute residiert hier der Bürgermeister der Landeshauptstadt. Hochzeitspaare können den hoffentlich schönsten Tag in ihrem Leben im Mirabell feiern – der Trauungssaal im Schloss gilt als einer der schönsten Europas.
Der barocke Garten vor dem Schloss lädt zu einem gemütlichen Spaziergang ein, zumal man von hier einen ausgezeichneten Blick auf die Festung Hohensalzburg hat. Nicht versäumen sollte man den Zwerglgarten mit seinen 28 – gar nicht so kleinen – Zwergenfiguren.
Mirabellplatz
Tel. 80 72 23 34
Besichtigung des Trauungssaals (sofern keine Hochzeiten stattfinden) Mo, Mi, Do 8-16, Di und Fr 13-16 Uhr, Eintritt frei

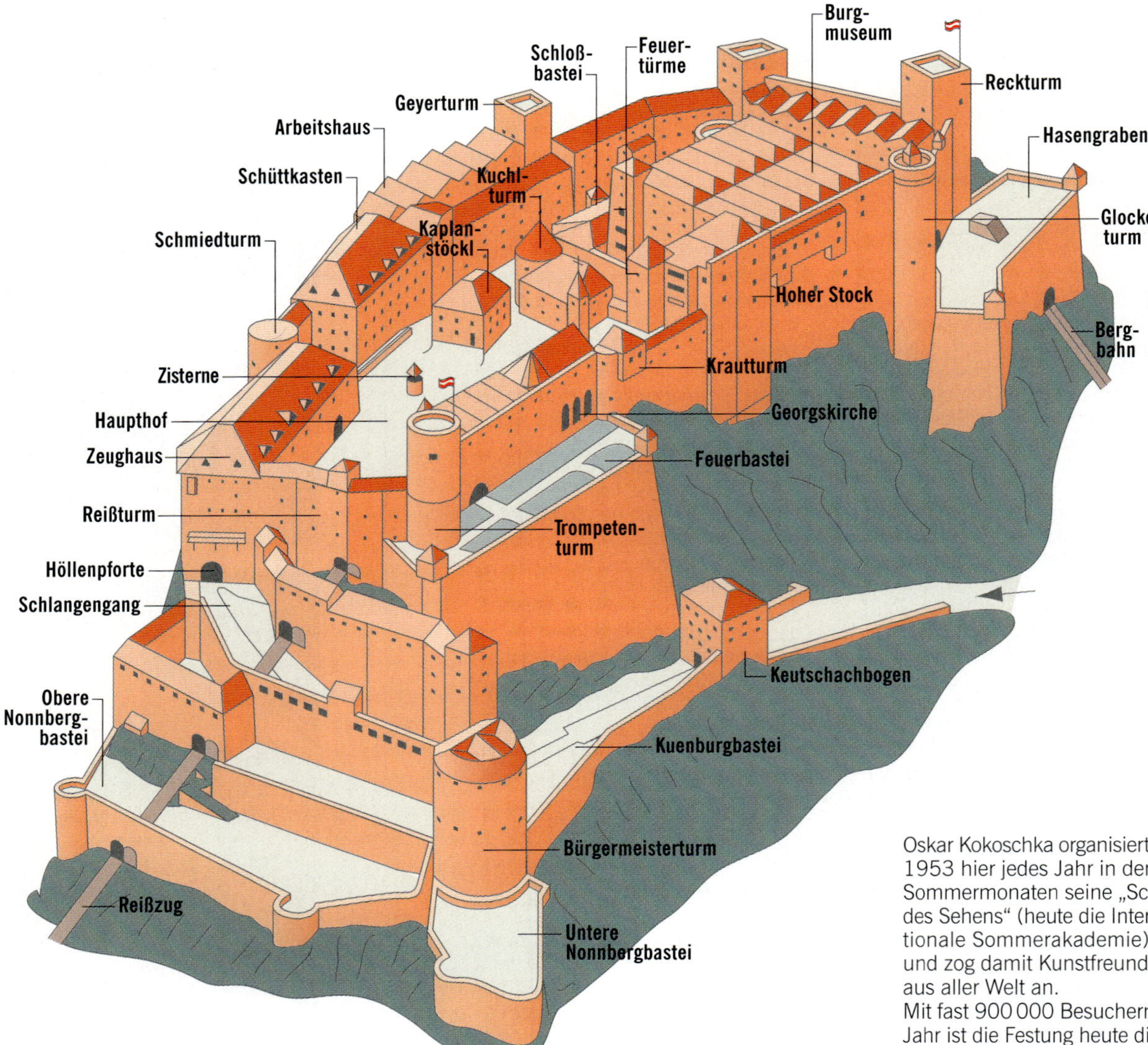

Bollwerk gegen König, Bauern und Bayern

Und heute ist die Festung eine Bastion der Kunst

Fast 700 Jahre dauerte es vom Baubeginn bis zur Fertigstellung der Festung, deren Grundstein 1077 gelegt wurde. Anlass für den Bau war der Investiturstreit zwischen dem deutschen König Heinrich IV. und Papst Gregor VII.,wobei es um das Recht der Ernennung von Bischöfen und Äbten ging. Um sich vor Angriffen des königlichen Heeres zu schützen, ließ Erzbischof Gebhard I., der auf Seiten des Papstes stand, die Festung bauen, die im Laufe der folgenden Jahrhunderte ständig erweitert wurde. Sie war Bollwerk gegen die Habsburger und Bayern, lange Zeit aber auch Trutzburg gegen die eigene Bevölkerung. Viele Fürsterzbischöfe, die es mit den christlichen Tugenden nicht immer sehr genau nahmen, waren bei der Salzburger Bevölkerung verhasst.

Immer wieder kam es zu Aufständen, die 1525 ihren Höhepunkt fanden, als die Festung 14 Wochen lang erfolglos von Bauern und Bergknappen belagert wurde. Nur ein einziges Mal zogen Feinde durch ihre Tore – während der Napoleonischen Kriege wurde die damals allerdings militärisch bereits bedeutungslose Festung kampflos übergeben. Zwischen 1861 und 1938 diente Hohensalzburg auch als Kaserne und Gefängnis. Seit dem Zweiten Weltkrieg ist die Festung ganz dem Tourismus und der Kunst gewidmet.

Oskar Kokoschka organisierte ab 1953 hier jedes Jahr in den Sommermonaten seine „Schule des Sehens“ (heute die Internationale Sommerakademie) und zog damit Kunstfreunde aus aller Welt an.

Mit fast 900 000 Besuchern pro Jahr ist die Festung heute die meistbesuchte Sehenswürdigkeit der Stadt. Der Burghof mit seinen uralten Linden, die Georgskirche und die Museen können ohne Führung besichtigt werden. Sehenswert vor allem sind die Fürstenzimmer, die nur im Rahmen einer Führung, die im Reckturm beginnt, zu bewundern sind.

(d 5/6) Mönchsberg 34
Tel. 84 24 30 11
www.salzburg-burgen.at
tgl. 9-17, Mai, Juni, Sept. 9-18, im Juli, Aug. 9-19 Uhr (letzter Einlass eine Stunde früher). Eintritt 9,80 Euro (im Preis inbegriffen ist die Benutzung der Festungsbahn und der Besuch der Festungsmuseen)

MERIAN | TIPP

Stille Nacht, heilige Nacht

Der Text des wohl bekanntesten Weihnachtsliedes stammt aus der Feder des Hilfspriesters Joseph Mohr, die Melodie komponierte der Organist Franz Xaver Gruber. Gespielt wurde das Lied erstmals in der Christmette des Jahres 1818 in der St.-Nikolaus-Kirche von Oberndorf. Heute wird das Weihnachtslied in 300 Sprachen gesungen. Die St.-Nikolaus-Kirche wurde Anfang des 20. Jahrhunderts abgerissen und durch die Stille-Nacht-Gedächtniskapelle ersetzt. Aber nicht nur das: Es gibt in Oberndorf eine Stille-Nacht-Straße, einen Stille-Nacht-Platz, eine Stille-Nacht-Stub'n und vieles mehr. Neben der Kapelle wurde ein kleines Stille-Nacht-Museum eingerichtet, das die Geschichte des Liedes erzählt. Joseph Mohr, dessen Grab sich in Wagrain beim Haupteingang der Kirche befindet, erlangte zu Lebzeiten übrigens weder Ruhm noch Reichtum durch sein Lied.

(E 1) Stille-Nacht- und Heimat-Museum, Stille-Nacht-Platz 7
Oberndorf, Tel. (062 72) 44 22
www.stillenacht.at
tgl. 9-16, Dez. bis 18 Uhr, Feb. geschl.; 2,50 €

Hochsaison: die Stille-Nacht-Kapelle in Oberndorf

SALZBURGER LAND

(H 6) Burg Mauterndorf

Der Ort Mauterndorf lag zur Römerzeit an einer wichtigen Handelsroute über die Hohen Tauern. An der Mautstation wurde im 13. Jh. eine Burg errichtet (im 15. Jh. erweitert). Die Salzburger Fürsterzbischöfe nutzten sie zeitweise als Sommerresidenz. Heute beherbergt die Burg die interaktive Erlebnisausstellung „Lust aufs Mittelalter“ und das Lungauer Landschaftsmuseum mit Ausstellungen zu Flora, Fauna und Brauchtum.
Mauterndorf, Tel. (064 72) 74 26
www.salzburg-burgen.at
Mai-Okt. tgl. 10-18 Uhr, Jan. bis Apr. Di-Fr 10.30-18 Uhr; 8 €

(F 4) Eisriesenwelt

Früher war der Aufstieg zur größten Eishöhle der Welt ein mühsames Unternehmen. Erst als 1955 die Seilbahn das steilste Stück überbrückte, wurde er einfacher. Heute fährt man auf einer zwar kurvigen, aber gut ausgebauten Straße, fast bis zur Talstation der Seilbahn, schwebt dann in wenigen Minuten bis auf 1586 Meter und wandert in einer Viertelstunde bis zum gewaltigen Höhlenportal. Hier beginnen die Führungen, die Besucher über endlos scheinende Treppenstufen ins Innere des Berges bringen. 42 Kilometer misst das gesamte Höhlensystem, nur der eingangsnahe Bereich ist vereist. Die gewaltigen Dimensionen der Höhle lassen sich wegen der spärlichen Beleuchtung oft nur erahnen. Die Posselthalle beispielsweise ist 150 Meter lang und 40 Meter breit. Bei dem Ausflug in die Unterwelt kommt man aber auch an gewaltigen, die Phantasie anregenden Eisskulpturen wie dem „Elefanten“ vorbei. Eisstalagmiten, der große Eiswall und die Eisorgel sind weitere Attraktionen.
www.eisriesenwelt.at
Von Werfen 5 km lange Zufahrt zum Parkplatz, bis hier auch Bustransfer
Seilbahn Mai-Okt., Führungen 9-15.30, Juli, Aug. bis 16.30 Uhr, 17 € inkl. Seilbahn

Berauschend: Die Krimmler Wasserfälle sind fast 400 Meter hoch

(F 4) Burg Hohenwerfen

Die Bilderbuchburg aus dem 11. Jh. liegt auf einem 150 Meter hohen Felsen über dem Tal der Salzach. Mehrmals umgebaut und erweitert, diente sie lange als Gefängnis. Heute verdient sie ihren Beinamen „Erlebnisburg“, denn neben Burgführungen bekommen Besucher Kostproben der Flugkünste der hier gehaltenen Greifvögel (tgl. 11 und 15 Uhr). Bunt und spektakulär sind die Festwochenenden mit Fecht- und Theatervorstellungen.
Werfen, Tel. (064 68) 76 03
www.salzburg-burgen.at
www.ritterschmaus.at
April, Okt., Nov. tgl. 9.30-16.30 (April Mo geschl.), Mai, Juni, Sept. 9-17, Juli, Aug. 9-18 Uhr; 10 €

(F 2) Fuschl am See

Der idyllische Fuschlsee liegt 20 Kilometer östlich von Salzburg. In rund drei Stunden kann man ihn zu Fuß umrunden. Das Wasser ist klar, mehrere Badeplätze laden im Sommer zum Schwimmen ein.
Fuschlsee Tourismus
Tel. (062 26) 838 40
www.fuchlseeregion.com

(E 3) Hallein

Eine der ältesten Städte Österreichs, die zum Bummel durch die Gassen einlädt. Einen Besuch wert ist das Keltenmuseum. Dort erfährt man, wie dieses geheimnisvolle Volk lebte, und lernt anschaulich alles über die Anfänge des Salzabbaus kennen.
Pflegerplatz 5
Tel. (062 45) 807 83
www.keltenmuseum.at
tgl. 9-17 Uhr; 4 €

(D 6) Hochgebirgsstauseen Kaprun

Von Kaprun führt eine Autostraße bis zum Kesselfall-Alpenhaus. Von dort bringt ein Bus Besucher bis zur 430 Meter hohen Lärchwand, die anschließend in einem großen, offenen Schrägaufzug überwunden wird. Dann geht es mit dem Bus zum Stausee Wasserfallboden und schließlich zum Mooserboden-Stausee auf 2040 Meter. Im Besucherzentrum sind Ausstellungen über die Geschichte des Kraft-

werks und die Gletscherwelt zu sehen. Außerdem: Staumauerführungen, Restaurant mit Aussicht auf die Glocknergruppe und Möglichkeiten für Wanderungen z. B. zur Fürthermoaralm.
Tauern-Touristik
Nikolaus-Gassner-Straße 321, Kaprun
Tel. (065 47) 20 01 92 32 01
www.tauerntouristik.at
Ende Mai-Mitte Okt. tgl. 8.10-16.45, Juli, Aug. bis 17 Uhr, letzte Bergfahrt 15.30 Uhr; 16,50 €

(B 6) Krimml

Die Krimmler Wasserfälle, die von rund einem Dutzend Gletschern gespeist werden, gehören mit 380 m zu den höchsten weltweit. Doch das Wasser stürzt nicht in einem einzigen Fall, sondern in drei Stufen (140, 100 und 140 Meter), die durch Flachstücke getrennt sind, zu Tal. Die Wasserfälle gehören zum Nationalpark Hohe Tauern. Auf dem 4 km langen, teilweise steilen Wasserfallweg (gebührenpflichtig) gelangt man in rund einer Stunde zum obersten Fall. Unterwegs bieten mehrere Aussichtskanzeln hautnahen Kontakt mit dem Wasser.
www.wasserfaelle-krimml.at
Apr.-Okt.; 1,50 €

(B 6) Wasserwunderwelt Krimml

Im Haus des Wassers und im Aqua-Park dreht sich alles um Wasser – Wissenswertes und Überraschendes werden hier unterhaltsam und anschaulich dargestellt. Eine Ausstellung informiert über die Krimmler Wasserfälle.
Krimml, Tel. (065 64) 201 13
www.wasserwunderwelt.at
Mai-Okt. tgl. 9.30-17 Uhr; 7 €

(F 3) Lammerklamm

Die Lammerklamm ist eine besonders enge, durch Stege und eine Brücke erschlossene Schlucht, deren Felswände sich im oberen Teil bis auf einen Meter nähern. Der Haupteingang ist am Parkplatz Lammerklammstüberl, nach rund 30 Minuten erreicht man den Ausgang am Gasthaus Lammerklause.
Oberscheffau, Tel. (062 44) 84 42
www.lammerklamm.at
Mai-Okt. 9-18 Uhr; 2,50 €

(D 4) Leogang

Seit dem Mittelalter wurde in Leogang Bergbau betrieben und Silber, Kupfer, Quecksilber, Blei, Nickel und Kobalt abgebaut. Während einer Führung, die am Gasthaus Knappenstube beginnt, kann man die alten Stollen erkunden. Das kleine Bergbaumuseum in Leogang-Hütten zeigt die Geschichte des Bergbaus und eine Mineraliensammlung.
Schaubergwerk Leogang
Tel. (06 64) 337 58 52
www.schaubergwerk-leogang.at.tf
Bergbaumuseum, Tel. (065 83) 71 05
Bergwerk Anfang Mai bis Ende Okt. Di-So 10-17, Vor- u. Nachsaison Führungen 12 und 14 Uhr, sonst nach Bedarf, Museum ganzjährig geöffnet; 10 €

(F 5) Liechtensteinklamm

Eine der schönsten Schluchten der Alpen mit fast 300 Meter hohen Wänden, die schon 1875 für Besucher erschlossen wurde. Ihren Namen bekam sie von Fürst Johann II. von und zu Liechtenstein, der sich damals an den Kosten für die ersten Stege beteiligte. Die Wanderung durch die südlich von St. Johann am Eingang des Großarler Tals gelegene Klamm dauert rund eine Stunde.
St. Johann im Pongau, Tel. (064 12) 60 36
www.liechtensteinklamm.at
Mai-Sept. tgl. 8-18, Okt. tgl. 9-16 Uhr 3,30 €

(E 2/3) Salzburger Freilichtmuseum

Großes Freilichtmuseum vor den Toren Salzburgs. Die Gebäude aus fünf Jahrhunderten geben einen guten Einblick in die bäuerliche Tradition der Salzburger Bezirke Lungau, Pongau, Tennengau, Flachgau und Pinzgau. Lohnend ist der Besuch der Handwerksvorführungen an Sonn- und Feiertagen.
Grossgmain, Hasenweg
Tel. (06 62) 85 00 11
www.freilichtmuseum.com
März So 9-18, Apr.-Nov. Di-So 9-18, 26. Dez. bis ersten So nach Dreikönig 10-16 Uhr; 7 €

(E/F 1) Salzburger Käsewelt

Österreichs erste Bio-Schaukäserei lüftet das Geheimnis guten Käses. Welche Zutaten braucht man, wie wird's gemacht, und wie kommen die Löcher in den hier produzierten Emmentaler – die Käsesommeliere haben auf alles eine Antwort. Wer möchte, kann seinen eigenen Käse herstellen, Butter rühren, an einer Verkostung teilnehmen, einen Vorrat Biokäse mit nach Hause nehmen oder die Käsegerichte im hauseigenen Restaurant probieren.
Moos 1, Schleedorf
Tel. (062 16) 419 80, www.kaesewelt.at
Führungen tgl. 10, 12, 14 Uhr (4 €), selbst Käse machen Di, Sa (Sommer auch Do) 10.30 Uhr (16 €), selbst buttern Mi 14 Uhr (10 €), Verkostung nach Voranmeldung 25 €

MERIAN | TIPP

Bauernherbst

Wohl kaum ein anderes Fest ist so vielfältig wie der Bauernherbst, denn von Ende August bis Ende Oktober feiern 80 Orte im Salzburger Land mit 2000 Veranstaltungen das Einbringen der Ernte. Wenn der Sommer sich langsam verabschiedet, werden überall die festlich geschmückten Kühe und Schafe von den Almen getrieben. Der Bauernherbst ist ein Fest für alle Sinne, vor allem für Augen, Ohren und Gaumen. Volksmusik, Umzüge und Bauernmärkte stehen in vielen Orten auf dem Programm. Auch Feinschmecker kommen überall auf ihre Kosten, denn viele Gasthäuser haben zum Bauernherbst eine spezielle Speisekarte mit landestypischen Gerichten wie Kasnockn oder Bauernbratl und zum Nachtisch süße Pofesen. Die Wirte legen sich gerade zu dieser Zeit mächtig ins Zeug, denn jeder will seine Gäste davon überzeugen, dass er den Titel „Bauernherbst-Wirt des Jahres" verdient hat.
www.bauernherbst.com

(E 3) Salzwelten Salzburg/Bad Dürrnberg

Eine Exkursion auf den Spuren von Fürsterzbischof Wolf Dietrich von Raitenau, der einst durch den Salzabbau reich geworden ist. Mit der Grubenbahn fährt man in die Salzstollen, setzt mit einem Floß über den Salzsee und benutzt wie einst die Bergleute die Rutschen, um schnell von einer Ebene auf die nächste zu kommen. Aus dem Berg zurückgekehrt, steht der Besuch des Keltendorfs auf dem Programm, in dem die Salzgewinnung von der Keltenzeit bis zum Mittelalter gezeigt wird. Im Grabhügel ist die Rekonstruktion eines Fürstengrabes zu sehen.
Bad Dürrnberg, Ramsaustr. 3
Tel. (061 32) 200 24 00
www.salzwelten.at
April-Okt. tgl. 9-17Uhr sonst 10-15 Uhr; 16,50 € (einschl. Keltendorf und Keltenmuseum Hallein)

(B 6) Schaubergwerk Hochfeld

Über den Knappenweg, der beim Gasthaus Schütthof in Sulzau beginnt, wandert man vorbei am Untersulzbachwasserfall in rund einer Stunde zum Eingang des historischen Kupferbergwerks. Ausgerüstet mit Helm und Regenjacke, kann man einen rund 1200 m langen Stollen erkunden.
Neukirchen am Großvenediger
Ortsteil Sulzau
Tel. (06 64) 231 31 08
www.schaubergwerk-hochfeld.at
Mitte Mai-Mitte Juni Mo-Fr 10-13, Mitte Juni-Mitte Sept. Mo-Fr 10.30-15, Sa, So 11-13, Mitte Sept.-Mitte Okt. Mo-Fr 12-13 Uhr; 11 €

(D 5/6) Sigmund-Thun-Klamm

Die 30 Meter tiefe und 300 Meter lange Schlucht im Kapruner Tal, die von der Kapruner Ache durchflossen wird, erhielt ihren Namen 1893 nach dem damaligen Statthalter von Salzburg, Sigmund Graf von Thun, der seit seinem ersten Besuch für die Klamm geschwärmt hat. Auf Stegen lässt sich die Sigmund-Thun-Klamm bequem durchwandern. Außerdem gibt es einen naturkundlichen Lehrweg um den Klammsee und im Kraftwerkhaus eine Ausstellung über Energieerzeugung.
Kaprun
Tel. (065 47) 20 01 92 32 28
www.kaprun.at/klamm
Ende Mai-Ende Sept. tgl. 9-17 Uhr; 3,10 €

Klares Wasser lädt zum Baden im Fuschlsee

(E 1) Stift Michaelbeuern

Eine erste Abtei wurde hier um 736 gegründet. Bei einer Führung durch dieses uralte Kloster bekommen Besucher unter anderem das mittelalterliche Refektorium, die Abteikirche, die Bibliothek und den Abteisaal zu sehen. In wechselnden Sonderausstellungen werden ausgewählte Kostbarkeiten der Abtei präsentiert.
Benediktinerabtei Michaelbeuern, Tel. (062 74) 81 16
www.abtei-michaelbeuern.at
Führungen Mai-Okt. So 14 Uhr und nach Vereinbarung

(E 2) Wallfahrtskirche Maria Plain, Bergheim

Die Wallfahrtskirche, wunderschön auf dem Plainberg gelegen, wurde 1671-74 erbaut. Von der Kirche nördlich von Salzburg hat man einen guten Blick auf die Salzburger Kalkalpen. Aber auch das Kircheninnere bietet Großes: Berühmt ist die üppige, goldene Barockausstattung und das Gnadenbild „Maria Trost" im Hochaltar, das 1633 von einem unbekannten Maler geschaffen wurde und die Brandschatzung der niederbayerischen Stadt Regen im Dreißigjährigen Krieg unbeschadet überstanden hat. 1732 kam es nach Maria Plain.
Bergheim, Plainbergweg 38
Tel. (06 62) 450 19 40
www.mariaplain.at

F/G 2/3) Wolfgangsee

Den schönsten Blick auf den Wolfgangsee, den größten See im Land Salzburg, hat man vom 1521 Meter hohen Zwölferhorn. Eine Seilbahn bringt Besucher in wenigen Minuten von St. Gilgen zur Bergstation, von der sich verschiedene Panoramarundwege von 1- 4 Stunden Länge anbieten. In St. Gilgen wird an Mozart erinnert, obwohl das Genie nie hier war. Vor dem Rathaus steht ein Mozartbrunnen, und im Gerichtsgebäude, in dem Mozarts Mutter geboren wurde, gibt es eine Mozart-Gedenkstätte. Mehrere Ausflugs- und Linienschiffe befahren im Sommer den See und verbinden die Orte St. Gilgen, St. Wolfgang und Strobl. Von dort kann man auf der Postalmstraße einen Ausflug in Österreichs größtes Almgebiet machen, das auf einem ausgedehnten Hochplateau liegt.
Mozart-Gedenkstätte
St. Gilgen, Ischler Straße 15
Tel. (062 27) 23 48 *Juni-Sept. Di-So 10-12, 14-18 Uhr; 1 €*
Wolfgangseeschiffahrt
St. Wolfgang, Tel.(061 38) 223 20
www.schafbergbahn.at
Postalmstraße: www.postalm.net

AUSFLUG

(D 6/7) Auf Serpentinen zum Großglockner

Die Großglockner-Hochalpenstraße beginnt ganz unspektakulär in dem kleinen Ort Fusch am Rande des Nationalparks Hohe Tauern. Doch die dann folgenden rund 50 Kilometer bis ins kärntnerische Heiligenblut zählen zu den beeindruckendsten der Alpen. Von der Hauptstraße biegt man in das zunächst noch weite und grüne

Fuscher Tal ab und folgt diesem stetig bergauf. Nach 14 Kilometern dann die Mautstelle in Ferleiten, bei der nicht nur zwei Gasthäuser, sondern auch ein Wildpark mit 200 meist heimischen Tieren, Bären und Wölfen einen Halt lohnen.
Seit der Eröffnung der Großglockner-Hochalpenstraße im Jahr 1935 kamen rund 50 Millionen Besucher, heute sind es eine Million pro Jahr. Serpentinenreich führt die Straße bis auf 2571 Meter zur Edelweißspitze, passiert dabei alle Vegetationsstufen, von den fruchtbaren Wiesen und Feldern im Fuscher Tal bis in die Nähe des größten österreichischen Gletschers, der Pasterze. Unterwegs bieten sich immer wieder atemraubende Blicke ins Tal oder auf die schneebedeckten Berge des Nationalparks Hohe Tauern. Schließlich scheint der höchste Berg des Landes, der 3798 m hohe Großglockner, zum Greifen nahe. Dass diese Passstraße für viele Motorradfahrer ein Traum ist, überrascht nicht, doch auch erstaunlich viele Radfahrer nehmen die Herausforderung der mehr als 1500 Höhenmeter in Angriff. Einer der ersten und zugleich schönsten Aussichtspunkte liegt bei Hochmais auf 1850 Meter. Der nächste Halt bietet sich auf 2260 Meter, beim Haus der Alpinen Naturschau an, in dem Schautafeln und Modelle über Flora und Fauna der Bergwelt informieren. Lohnend ist der kurze Abstecher von der Hauptstraße zur Edelweißspitze, dem höchsten Punkt der Glocknerstraße. Hinauf führen Serpentinen, so eng und steil, dass sie für Busse gesperrt sind. Vom Gipfel, der gerade Platz für einige Dutzend Autos und eine Berghütte bietet, sind beim Rundumblick 30 Dreitausender auszumachen.
Wieder auf der Hauptstrecke, kommt man zum Hochtor. Hier verläuft die Straße bei der Grenze zwischen Salzburg und Kärnten durch einen kurzen Tunnel. Wer ein wenig Bewegung braucht, kann auf dem „Kelten-, Säumer- und Römerweg" die Grenze überqueren und sich auf Schautafeln die Geschichte und Bedeutung dieses alten Handelsweges erklären lassen.
Vom Hochtor führt der direkte Weg nach Heiligenblut, doch fast alle machen noch einen Abstecher zur Franz-Josefs-Höhe. Hier hat der Touristenrummel die Bergeinsamkeit abgelöst, und auch das mehrstöckige Parkhaus inmitten der grandiosen Bergwelt gefällt nicht unbedingt. Dafür entschädigen der Großglockner und die Pasterze, der längste Gletscher der Ostalpen, die man direkt vor sich erblickt.

Infos: www.grossglockner.at
Tel. (065 46) 650
Tagesticket Pkw 26 €
Motorrad 17 €, Anfang Mai bis Ende Okt. 6-20.30, Mitte Juni-Mitte Sept. 5-22 Uhr

Wild- & Freizeitpark Ferleiten
Tel. (065 46) 220
www.wildpark-ferleiten.at
Anf. Mai-Nov. 8 Uhr bis Einbruch der Dunkelheit
Erw. 5,50, Kinder 3 €

Museum Alpine Naturschau
tgl. 9-17 Uhr, Eintritt frei

Ausstellung „Großglockner" im Besucherzentrum der Kaiser-Franz-Josef-Höhe
tgl. 10-17 Uhr, Eintritt frei

MERIAN | TIPP

Kaffeehauslegenden: Tomaselli und Bazar

Das älteste durchgehend betriebene Kaffeehaus Österreichs ist das Tomaselli am Alten Markt. Hier verabreden sich die Salzburger schon seit mehr als 300 Jahren zum „Verlängerten" oder „Einspänner". Natürlich kommen auch Touristen, die ihren Kaffee dort trinken wollen, wo schon Wolfgang Amadeus Mozart, Richard Strauss, Carl Maria von Weber und Hugo von Hofmannsthal den Türkentrank genossen. Bereits 1703 erhielt der Italiener Caribuni vom Fürsterzbischof die „Kaffeesiederbefugnis". Seit 1781 befindet sich das Café im Besitz der Familie Tomaselli. 1909 wurde am anderen Ufer der Salzach, in der Nähe des Theaters, das Café Bazar eröffnet. Während im Tomaselli vor allem Musiker verkehrten, fühlten sich im Bazar Schauspieler und Schriftsteller wohl. Auch Thomas Bernhard wurde hier oft gesehen. Über seine Besuche im Kaffeehaus schrieb er: „Wie andere in den Park oder in den Wald, lief ich immer ins Kaffeehaus, um mich abzulenken und zu beruhigen, mein ganzes Leben." Ablenken kann man sich im Bazar besonders gut im Sommer, denn die Terrasse an der Salzach bietet einen fantastischen Blick auf die Altstadt.

(c 4) Tomaselli
Alter Markt 9, Tel. 844 48 80
www.tomaselli.at
tgl. 7-21, So ab 8, während der Festspielzeit bis 24 Uhr

(c 3) Bazar Schwarzstraße 3
Tel. 87 42 78, www.cafe-bazar.at
Mo-Sa 7.30-23 Uhr, während der Festspielzeit auch länger. Juli, Aug., Dez. auch So

Preiskategorien

Alle Adressen im Info-Magazin sind MERIAN-Empfehlungen. Preiskategorien Restaurants (ein Hauptgericht):
€ unter 10 €, €€ 10-20 €
€€€ über 20 €

Salzburg und das Salzburger Land sind ein Paradies für Schlemmer. 65 Restaurants wurden vom Gault Millau mit Hauben gekrönt, aber nicht nur in diesen Gourmettempeln isst man gut, auch viele kleinere Landgasthöfe bieten Vorzügliches: Fleisch von Bio-Bauernhöfen, fangfrischen Fisch und natürlich göttliche Süßspeisen. Auch ein Besuch auf einer der mehr als 500 Almen lohnt, denn hier kommt Einfaches, aber Schmackhaft-Bodenständiges auf den Tisch.

RESTAURANTS

IN SALZBURG

Augustiner Bräustübl

Das „Hofbräuhaus" von Salzburg. Hier verkehren Einheimische und Touristen, schöner Biergarten, Bier aus der eigenen Klosterbrauerei.
(a 1) Kloster Mülln
Augustinergasse 4, Tel. 43 12 46
Mo-Fr 15-23
Sa, So 14.30-23 Uhr €

Carpe Diem Finest Fingerfood

„Fastfood auf Haubenniveau" heißt der Werbespruch des Restaurants. Auf den Tisch kommen ausschließlich Kreationen des österreichischen Starkochs Jörg Wörther, nämlich „Fingerfood aus dem Cone". Vereinfacht könnte man die Speisen als delikate Kleinigkeiten bezeichnen, die aus einer Art Eiswaffel gegessen werden: originell und in edlem Ambiente. Im Sommer kann man mit Blick auf die belebte Getreidegasse draußen sitzen. Für die Abendstunden ist Reservierung empfehlenswert.
(b 4) Getreidegasse 50
Tel. 848 80 00
www.finestfingerfood.com
tgl. 8.30-24 Uhr €€

Gasthaus zu Schloss Hellbrunn

Die ideale Kombination von kulturellen und kulinarischen Hochgenüssen bietet das Gasthaus zu Schloss Hellbrunn, denn nach der Besichtigung des Renaissance-Lustschlosses genießt man hier gehobene österreichische Küche mit

Viel stilvoller als im „Tomaselli" kann man Kaffee nicht trinken

mediterranen Einflüssen. Das Ambiente ist edel, der Service perfekt. Wer es noch exklusiver mag, bucht in den Abendstunden einen Tisch im Atelier, einem 25 Plätze fassenden Nebenraum. Hier wird exklusive Haubenküche serviert.
(e 6) Fürstenweg 37
Tel. 82 56 08
www.taste-gassner.com
So-Di 9-18, Mi-Sa 9-23, in der Festspielzeit bis 24 Uhr €€
Öffnungszeiten Atelier: Mai bis Nov. Mi-Sa 18.30-22.30, Dez. auch So. geöffnet, Jan., März, April Do-Sa, während der Festspielzeit Di-So 18.30-24 Uhr
€€€

Ikarus im Hangar-7

Edelrestaurant am Flughafen. Alle sechs bis acht Wochen wird aus den kulinarischen Hochburgen der Welt ein anderer Sternekochkoch eingeflogen, dessen Kreationen dann auf die Teller kommen. Vor oder nach dem Essen kann man die Flugzeugausstellung besichtigen. Unbedingt reservieren.
(a 5) Wilhelm-Spazier-Str. 7a,
Tel. 219 70, www.hangar-7.com
tgl. 12-14 und 18.30-22 Uhr
€€€

Krimpelstätter

Ein Wirtshaus mit Tradition. Seit 1548 werden hier Gäste betreut, einst waren es die Kutscher, die ihre Pferde wechselten. Heute ist das Krimpelstätter eine Salzburger Institution, die österreichische Hausmannskost zu günstigen Preisen auftischt. Das Fleisch stammt aus biologischer Haltung und sämtliche Rohwaren aus der näheren Umgebung. Das Lokal verströmt ein besonders Flair – vor allem wegen seiner Gäste, denn vom Bauarbeiter bis zum Generaldirektor fühlt sich hier jeder wohl, und während der Festspielzeit kommen auch die Schauspieler. Im Winter sitzt man rustikal drinnen, im Sommer lockt der Biergarten mit seinen schattenspendenden Bäume.
(a 1) Müllner Hauptstr. 31
Tel. 43 22 74
www.bachmann-buam.at
Di-Sa 11-24, So 10-15 Uhr €

Mönchsberg 32 / M 32

Spitzengastronomie im Museum der Moderne auf dem Mönchsberg. Im Sommer lässt sich von der Freiterrasse die ganze Stadt überblicken. Bei schlechtem Wetter bietet der große Gastraum modern gestyltes Ambiente. Tagsüber kümmert man sich, entsprechend preiswert, um die Bedürfnisse der Museumsbesucher und Ausflugstouristen, abends wird für gehobene Ansprüche gekocht. Der Gault Millau hat dem M 32 eine Haube verliehen.
(b 3) Mönchsberg 32

Tel. 84 10 00, www.m32.at
Di-Sa 9-1, So bis 18 Uhr. Während der Sommer- und Osterfestspiele auch Mo geöffnet € - €€ *(tagsüber)* €€ - €€€ *(abends)*

Scio's Specereyen

Hier gibt's Kleinigkeiten als Mittagstisch, angefangen von Suppen bis zu leckeren Kalb- und Lammfleischgerichten. Der Gault Millau lobte bereits im Jahr 2004: „Eine kleine feine Speisekarte, rasante Bedienung und ein köstliches Buffet erfüllen alle Wünsche, die man an ein Bistro stellen würde, wäre man in Paris."
(c 4) Sigmund-Haffner-Gasse 16
Tel. 84 16 38 *Di-Sa 10-20 Uhr* €

Die Weiße

Traditionsreiches Mikrobrauhaus, in dem ein bekömmliches Weißbier gebraut wird. Kein Wunder, dass hier die meisten Stammtische der Stadt ihre Sitzungen abhalten. Zu essen gibt es deftig Österreichisches.
(e 1) Rupertgasse 10
Tel. 872 24 60 *Mo-Sa 10.30-24, von 18-3 Uhr Barbetrieb* €

IM SALZBURGER LAND

Brunnwirt

In der guten Stube dieses alten Gasthauses oder im Garten mit Blick auf den Fuschlsee sitzt man gemütlich und genießt vorzügliche Kleinigkeiten wie den österreichischen Schafskäse im Speckmantel, das Tatar von der Lachsforelle oder man lässt sich von „Brunnwirt" Johannes Brandstätter mit einem 5-Gänge-Menü verwöhnen.
(F 2) Wolfgangseestr. 11
Fuschl, Tel. (06 64) 280 71 92
So geschl. €€ - €€€

Fischerei Schloss Fuschl

Kein Restaurant mit fein gedeckten Tischen, sondern nur eine Laube am Westufer des Fuschlsees. Schauen Sie dem Schlossfischer Gerhard Langmaier beim Räuchern von Fisch zu. Eine Köstlichkeit, die anschließend unbedingt probiert werden sollte.
(F 2) Schlossstraße 19
Hof bei Salzburg
Tel. (062 29) 22 53 15 33
Mo-Fr 8-11.30 und 12-16.30 Sa 8-11 Uhr, bei schönem Wetter auch So geöffnet €

Holznerwirt

Im Sommer sitzen die Gäste unter Schatten spendenden Kastanien, bei schlechtem Wetter im Jäger- oder Schützenstüberl. Die Speisekarte orientiert sich an der Saison, so locken im Herbst die Wildwochen mit vorzüglichen Reh-, Hirsch- und Wildschweingerichten.
(E 2) Dorfstraße 4, Eugendorf
Tel. (062 25) 82 05
Di-So 7-24 Uhr €€

Hubertus

Johanna Maier ist in Österreich ein Star, denn sie ist nach wie vor die einzige 4-Hauben-Köchin weltweit. Ihre Menüs sind vollendete Kunstwerke, ein Erlebnis für Augen und Gaumen, egal ob sie Filzmooser Berglamm, Rehbock oder Milchkalb jeweils in zwei Gängen serviert.
(G 4) Am Dorfplatz 1, Filzmoos
Tel. (064 53) 82 04
Mo, Di geschl., Apr. und Nov. Betriebsferien €€€

Kirchenwirt

Dicke Wände, alte Deckengewölbe und holzgetäfelte Gaststuben mit viel historischem Charme zeichnen diesen Landgasthof aus, in dem schon seit 1326 Gäste bewirtet werden. So mancher Prominenter schwärmt, ebenso wie die einheimischen Stammgäste, von der deftigen Pinzgauer Küche.
(D 4) Dorf 3, Leogang
Tel. (065 83) 82 16
Mai-Okt. Di geschl. €€

Schloss Kammer

Ein Schloss ist es zwar nicht, aber ein stattliches, altes Landgasthaus mit hervorragender Pinzgauer Regionalküche. Wem der Sinn nach Kasnocken, Fleischnocken, Fleischpressknödel oder einem Stück vom hofeigenen Biorind steht, ist bei der Familie Neumayer richtig. Nach dem Essen unbedingt einen Blick in den 400 Jahre alten Pferdestall werfen, der im Sommer häufig für Veranstaltungen genutzt wird.
(D 5) Kammerer Straße 22
Maishofen
Tel. (065 42) 682 02
Vor- u. Nachsaison Mo geschl. €€

Nockerl

Süß wie die Liebe und zart wie ein Kuss...

... so werden die Salzburger Nockerl in Fred Raymonds Operette „Saison in Salzburg" gelobt. Aber auch wer nicht zu poetischen Superlativen neigt, sollte wenigstens einmal diese urtypische österreichische Köstlichkeit als Abschluss eines Essens probieren. Stilecht werden die Nockerl auf einer Silberplatte serviert. Sie bestehen aus drei goldbraun gebackenen Bergspitzen, die mit Puderzucker bestreut sind. Eier, Zucker und Mehl, mehr braucht's nicht

für eine Portion, doch die Kunst liegt in der Zubereitung. Deshalb steht sie längst nicht in jedem Restaurant auf der Speisekarte. Jede Bestellung muss frisch zubereitet werden, und das Endprodukt ist äußerst empfindlich, denn schon ein wenig zu viel Zugluft oder ein unsanftes Absetzen lässt das Nockerl-Gebirge zusammenfallen.

MERIAN | TIPP LANDLEBEN

Ferientage auf dem Bauernhof

Für Familien mit Kindern ein Paradies

Wohl kaum ein anderes Land bietet so vielfältige Möglichkeiten für einen Urlaub auf dem Bauernhof wie Österreich. Damit der Gast sich auf einheitliche Qualitätsstandards verlassen kann, haben sich landesweit 3400 Betriebe zusammengeschlossen.
Ähnlich wie Campingplätze und Hotels wurden alle Bauernhöfe nach ihrer Ausstattung eingestuft und mit zwei, drei oder vier Blumen ausgezeichnet. Im **Salzburger Land** sind gegenwärtig **230 Bauernhöfe** klassifiziert. Egal, ob Ferienwohnung, Doppelzimmer oder Unterkunft mit Familienanschluss – einen ruhigen, naturnahen Urlaub bieten alle Bauernhöfe. Fast überall ist das Angebot reichhaltig. Wer auf Vollwertküche Wert legt, sucht sich einen **Biobauernhof** aus dem Angebot heraus, Familien fühlen sich auf einem der **Kinder- oder Reiterbauernhöfe** immer wohl. Auch wer im Urlaub endlich einmal etwas für seine Gesundheit tun möchte, findet im Salzburger Land ganz sicher ein passendes Bauernhof-Angebot mit Sauna, Heubädern oder Massagen.

Schwein gehabt: Auf diesem Hof lernen Kinder den Umgang mit Tieren

Die ausführliche Broschüre „Romantische Ferien am Bauernhof" bekommt man bei:
Urlaub am Bauernhof im Salzburger Land, Schwarzstr. 19, 5024 Salzburg, Tel. (06 62) 870 57 12 48, Fax 870 57 13 26, www.salzburg.farmholidays.com

Eine Auswahl empfehlenswerter Adressen:

Der Staudingerhof ist alt und urgemütlich.
(H 6) Fam. Gruber, Steindorf 10, Mauterndorf
Tel. (06472) 73 80, www.taurachsoft.at/gruber

Der Ederbauer-Hof überzeugt durch eine schöne Lage oberhalb von Saalbach, gemütliche Gaststube und Almhütte.
(C 5) Fam. Kender, Bergkreuzweg 51, Saalbach
Tel. (065 41) 71 04, www.tiscover.at/ederbauer.saalbach

Grossbretteneben ist ein kinderfreundlicher Biobauernhof in wunderschöner Lage. Ein ideales Standquartier für Wanderungen und Radtouren. Am Abend bietet die Sauna Entspannung.
(F 6) Fam. Fischbacher, Unterberg 8, Großarl
Tel. (06414) 21 30, www.tiscover.at/grossbretteneben

Hotel Bristol: die Lobby, von klassischer Eleganz

HOTELS

IN SALZBURG

Altstadthotel Amadeus
Das denkmalgeschützte rund 500 Jahre alte Haus ist zentral und doch ruhig gelegen. Familiengeführt und gemütlich. Die Zimmer sind individuell eingerichtet und zum Teil mit Antiquitäten ausgestattet.
(d 2) Linzer Gasse 43-45
Tel. 87 14 01, Fax 871 40 17
salzburg@hotelamadeus.at
www.hotelamadeus.at
26 Zi. €€€

Arthotel Blaue Gans
Eines der traditionsreichsten Hotels der Stadt hat sich vom biederen Stadthotel zum modernen Arthotel mit vier Sternen gewandelt. Alle Gänge sind mit Originalkunstwerken geschmückt. Zentrale Lage am Ende der belebten Getreidegasse. Das Hotelrestaurant genießt einen guten Ruf, hier bietet der Küchenchef traditionelle österreichische Küche, aber auch Neukreationen.
(b 4) Herbert-von-Karajan-Platz 3/ Getreidegasse 41-43
Tel. 842 49 10, Fax 842 49 19
office@blauegans.at
www.blauegans.at
44 Zi. €€€

Austrotel
4-Sterne-Hotel in der Neustadt in unmittelbarer Nähe des Mirabellgartens. Die Zimmer sind großzügig geschnitten. Ausgezeichnetes Frühstücksbuffet. Zusätzlicher Kundenservice: kostenlose Internetbenutzung.
(c 2) Mirabellplatz 8
Tel. 881 68 80, Fax 816 87
salzburg@austrotel.at
www.austrotel.at *73 Zi.* €€€

Hotel Bristol
Den Grundstein für das elegante, herrschaftliche Gebäude gegenüber dem Wohnhaus der Familie Mozart legte 1619 Erzbischof Paris Lodron. Zum Hotel wurde das Bristol 1892, als erstes „Elektrizitätshotel" der Stadt. Nur hier konnten die damaligen Gäste die Vorzüge des elektrischen Stroms genießen. Auch heute bietet das Bristol seinen Gästen etwas Besonderes: Das 5-Sterne-Haus gehört keiner der großen Ketten an und bietet entsprechend individuellen Service. Die Zimmer sind geräumig und die Möbel zum Teil antiquarisch. Im Hotelkomplex befinden sich eine Bank, ein Juwelier, mehrere Boutiquen, ein Optiker und ein Friseursalon.
(c 2) Makartplatz 4
Tel. 87 35 57, Fax 873 55 76
hotel.bristol@salzburg.co.at
www.bristol-salzburg.at
60 Zi. €€€€

Doktorschlössl
Am südöstlichen Stadtrand in ruhiger Lage. Aus den meisten Zimmern genießt man einen schönen Blick auf die Festung. Hauseigener Swimmingpool im Freien.
(e 4) Glaserstraße 7+10
Tel. 62 30 88, Fax 62 30 88 13
hotel@doktorschloessl.com
www.doktorschloessl.com
50 Zi. €€

Gersberg Alm
Mit dem Auto vom Stadtzentrum in etwa 15 Minuten zu erreichen. Wunderschöne Hanglage, geräumige Zimmer und ausgesprochen freundlicher Service. Den etwas abseits gelegenen hauseigenen Tennisplatz kann man ebenso

kostenlos benutzen wie das Freibad und die Kegelbahn. Die Küche ist exzellent. Kein Wunder, dass zur Festspielzeit schon Altbundespräsident Richard von Weizsäcker und CDU-Chefin Angela Merkel zu den Gästen zählten.
(e 4) Gersberg 37
Tel. 64 12 57, Fax 64 42 78
office@gersbergalm.at
www.gersbergalm.at
46 Zi. €€€

Zur Goldenen Ente
Zentral gelegenes Haus mit gutem Preis-Leistungs-Verhältnis. Zimmer im Landhausstil eingerichtet. Empfehlenswert ist das Restaurant mit urigem Deckengewölbe.
(d 4) Goldgasse 10
Tel. 84 56 22, Fax 845 62 29
hotel@ente.at
www.ente.at *17 Zi.* €€

Pension Lechner
Für deutlich unter 100 Euro im Zentrum von Salzburg ein Doppelzimmer zu bekommen, ist nahezu unmöglich. Bei Lechner geht das – und das bei angenehmem Service und ansprechenden Zimmern.
(c 1) Rainerstraße 11
Tel. 87 27 40, Fax 87 93 80
pension.lechner@eunet.at
www.pensionlechner.at
15 Zi. €€

Hotel Stein
Das 4-Sterne-Haus zählt zu den besten Hotels der Stadt. Große Menschen werden sich im Stein besonders wohl fühlen, denn auf Wunsch kann man hier in 2,20 m langen Betten schlafen. Wunderbar ist die Aussicht – Zimmer möglichst mit Blick zur Salzach buchen.
(d/e 4) Giselakai 3-5
Tel. 874 34 60, Fax 874 34 69
salzburg@hotelstein.at
www.hotelstein.at
55 Zi. €€€-€€€€

Pension Wallner
Freundliche Familienpension, die geräumige Zimmer zu einem für Salzburg sensationellen Preis bietet.
(a 1) Aiglhofstraße 15
Tel. 84 50 23, Fax 845 02 33
office@pensionwallner.at
www.pensionwallner.at *15 Zi.* €

IM SALZBURGER LAND

Kinderhotel Hagleitner
Alles inklusive, vom Frühstücksbuffet bis zum Abendmenü – für Kinder wie Erwachsene. Zum Family Hotel 2006 gewählt.
(D 5) Karl-Flieher-Str. 1-3
Zell am See
Tel. (065 42) 57 18 70
Fax 561 95
office@kinderhotel-hagleitner.at
www.kinderhotel-hagleitner.at
46 App. €€€-€€€€
(all inclusive)

Kurhotel Vollererhof
In wunderschöner Landschaft rund zehn Kilometer südlich von Salzburg. Exklusiver Spa- und Wellnessbereich. Zimmer vom einfachen Einzelzimmer bis zur Suite, im Landhausstil eingerichtet. Faire Preise. Restaurant mit gesunder Kost.
(E 3) Puch
Tel. (062 45) 89 91
kurhotel@vollererhof.at
www.vollererhof.at *40 Zi.* €€

Sonnberg Ferienanlage
Ideal für Familien, gute Kinderbetreuung. Moderne Apartments für 4 bis 8 Personen zu günstigen Preisen. Gute Kinderbetreuung. Im Sommer ist der nahe Badesee Anziehungspunkt, im Winter der Skilift.
(G 5) Höch 120, Flachau
Tel./Fax (064 57) 27 51
info@sonnberg.com
www.sonnberg.com
40 Apartments €€

Unterwimmhof
Nichtraucher-Bauernhofhotel, einfache Zimmer und Apartments, viel helles Holz. Sauna, Malkurse, Reitmöglichkeit für Kinder, Skilift in der Nähe.
(F 5) Kirchboden 123, Wagrain
Tel. (064 13) 84 09
Fax (064 13) 72 09
info@unterwimmhof.com
www.unterwimmhof.com
5 Zi., 4 Apartments €-€€

Preiskategorien
Preise für ein Doppelzimmer:
€ bis 70 Euro
€€ 70-120 Euro
€€€ 120-200 Euro
€€€€ mehr als 200 Euro

Aktivurlaub: Zu Fuß oder per Rad durchs Salzburger Land

MERIAN | TIPP

Wintersport
Das Salzburger Land bietet beste Möglichkeiten. Saalbach-Hinterglemm hat sich als Austragungsort alpiner Skiweltmeisterschaften einen Namen gemacht, die Europasportregion Zell am See-Kaprun lockt mit einem Ganzjahresskigebiet, und unter dem Namen Ski Amadé vermarkten sich fünf Skiregionen.
(C 5) Saalbach-Hinterglemm
Tel. (065 41) 68 00 68
Fax 68 00 69, contact@saalbach.com, www.saalbach.com
(D 5) Europa Sportregion Zell am See-Kaprun
Tel. (065 42) 770, Fax 720 32
welcome@europasportregion.info, www.europasportregion.info
(E 4/5) Hochkönigs Winterreich
Tel. (062 16) 202 027 270
Fax 202 027 271
region@ hochkoenig.at
www.hochkoenig.at
Salzburger Sportwelt
Tel. (064 57) 29 29, Fax 29 29 29
info@salzburgersportwelt.at
www.salzburgersportwelt.at
Gastein Tourismus
Tel. (064 32) 339 30
Fax 339 31 30, info@gastein.com, www.gastein.com

GOLDWASCHEN

Mit der Rauriser Hochalmbahn fährt man bis zur Mittelstation, und schon kann man am Bach der Heimalm sein Glück versuchen. Natürlich unter fachkundiger Anleitung des Hüttenwirts. Angeblich geht keiner mit leeren Händen nach Hause.
(E 6) Heimalm, Rauris
Tel. (065 44) 63 34
www.heimalm.com

GOLF

In den vier Bundesländern Kärnten, Tirol, Vorarlberg und Salzburg haben sich 44 attraktive Golfplätze unter dem Logo „Golf Alpin" zusammengeschlossen. Im Salzburger Land gibt es 15 dieser Plätze. Mit der Golf Alpin Card kann man bei allen Partnerclubs spielen.
www.golf-alpin.at *5 Green fees 260 €, 3 Green fees 170 €*

Golfclub Europa-Sportregion Zell am See-Kaprun

Mit zwei 18-Loch-Plätzen ist er die größte Anlage in den österreichischen Alpen. Abschläge mit toller Gletscherkulisse in der Nähe des Kitzsteinhorns. Golf Alpin Card gültig.
(D 5) Zell am See
Golfstr. 25, Tel. (065 42) 561 61
www.europaregion.at/golfclub

Golfen in Eugendorf

Eugendorf besitzt zwei neu angelegte Golfplätze in attraktiver Lage zwischen der Mozartstadt und dem Salzburger Seenland.

Golfclub Salzburg – Championcourse Eugendorf

18-Loch-Platz, der 2000 eröffnet wurde.
Golf Alpin Card gültig.
(E 2) Eugendorf
Tel. (062 25) 700 00
www.golfclub-salzburg.at

Golfclub Römergolf

18-Loch-Platz, der 2004 eröffnet wurde und 2006 um weitere 9 Löcher erweitert wird. Idealer Platz für Golf-Einsteiger. Golf Alpin Card nicht gültig.
(E 2) Eugendorf
Tel. (062 25) 283 00 10,
www.roemergolf.at

Golfclub Gut Altentann

Golfen auf den Spuren einer Legende, denn für die Planung dieses Platzes war Jack Nicklaus verantwortlich. Ein Golfplatz der Spitzenklasse. Unbedingt reservieren, denn für Greenfeespieler ist es nicht selbstverständlich, hier eine Abschlagszeit zu erhalten.
(F 1/2) Henndorf, Tel. (062 14) 602 60, www.gutaltentann.com

WANDERN UND KLETTERN

Arnoweg

Ein Fernwanderweg der Superlative. Seine längste Variante bringt es auf etwa 1200 Kilometer. Aber selbst für die „Normalroute" reicht ein Jahresurlaub nicht aus, denn für die 830 Kilomter muss man bei durchschnittlicher Kondition

63 Tage veranschlagen. Beginnend an der Festung Hohensalzburg folgt man der mit einem Adlerlogo markierten Route. Über Hallein geht's nach Saalfelden, Krimml, Bad Gastein, Tamsweg, Filzmoos, Fuschl und Oberndorf, und schließlich wieder zurück nach Salzburg. Landschaftlich äußerst abwechslungsreich, führt der Weg durch die hellen Kalkberge im Westen, über die grünen Höhen des Pinzgau, vorbei am Seenland und durch die Wildnis der Hohen Tauern. Aber keine Angst, der Arnoweg ist von Wanderern mit normaler Kondition gut zu bewältigen. Und wer weder Zeit noch Ausdauer für die langen Strecken hat, kann natürlich auch kürzere Etappen wählen. Weitere Infos unter:
www.wandern.salzburger land.com

Königsjodler

Einer der schönsten und anspruchsvollsten Klettersteige Österreichs. Ausgangspunkt ist Dienten, von hier steigt man rund 45 Min. bis zur Erichhütte auf. Von der Hütte bis zum Einstieg sind es dann, je nach Kondition, noch einmal 1-1,5 Std., bevor es richtig losgeht. Der eigentliche Klettersteig überwindet bis zum Ausstieg am Hohen Kopf 900 Höhenmeter. Doch da man immer wieder in Schluchten oder von spitzen Türmen absteigen muss, summiert sich die ganze Tour auf 1700 Klettermeter, wofür man 3-4 Std. veranschlagen sollte. Wegen Länge und Schwierigkeit definitiv nichts für Anfänger, aber das Panorama ist einmalig.
(E 5) TVB Dienten, Tel. (064 61) 263, www.dienten.co.at

BIKEN

Ein gut markiertes, über 5000 Kilometer langes Radwegenetz, radfreundliche Übernachtungsbetriebe und gutes Info- und Kartenmaterial machen Radfahren im Salzburger Land zum Vergnügen. Selbst die Stadt Salzburg verfügt über 160 km Radwege und wurde mehrfach als radfreundlichste Gemeinde Österreichs ausgezeichnet. Ganz neu ist die interaktive Radkarte des Salzburger Landes (**www.radwandern.com**), die alle Touren und relevanten Informationen enthält.

Tauernradweg

Gesamtlänge 280 Kilometer. Am besten beginnt man in Krimml, fährt dann immer leicht bergab an der Salzach entlang nach Zell am See und startet hier eine Rundtour über St. Johann, Hallein, Salzburg, Bad Reichenhall und Lofer zurück nach Zell am See. Der gesamte Tauernradweg ist markiert und führt überwiegend über ruhige Nebenstraßen oder Radwege. Ideal für Tourenräder.

Mozartradweg

Gesamtlänge 450 Kilomter. Das Terrain ist überwiegend flach, die Stecke durchgehend gut beschildert, unterwegs gibt es viele Gelegenheiten, sich über die verschiedenen Stationen in Mozarts Leben zu informieren. Für die gesamte Tour, die teilweise auch durch Bayern führt, sollte man 10-14 Tage einplanen. Eine beliebte kürzere Variante ist die 5-Tage-Tour von Salzburg über St. Gilgen, Neumarkt, Mattsee, Bad Reichenhall und Berchtesgaden zurück nach Salzburg.

BikeWorld Leogang

Eine Spielwiese für Mountainbiker. Mit dem Lift geht es nach oben und dann auf unterschiedlich schweren Pisten wieder ins Tal. Downhill Länge 2200 Meter, Freeride Länge 2500 Meter. Außerdem Bike- und Ausrüstungsverleih.
(D 4) Leogang, Hütten 39
Tel. (065 83) 829
www.bikeworld.at
Mitte Mai-Mitte Juni Do-So, Mitte Juni-Mitte Sept. tgl., Mitte Sept.-Mitte Okt. Mi-So jeweils 9-12 und 13-16.45 Uhr, Tageskarte 27,50 €

SOMMERRODELN

Karkogel-Sommerrodelbahn

Mit dem Karkogel-Sessellift geht es bis zur Bergstation hinauf. Hinab rutscht man dann 400 Höhenmeter auf der 1980 Meter langen Schiene der Sommerrodelbahn.
(F 4) Abtenauer Bergbahnen
Tel. (062 43) 24 32
www.abenteuer-bergbahnen.com
Mai Mo-Fr 13-17, Sa, So 9-17, Juni-Mitte Sept. tgl. 9-17 Uhr Erw. 8,50 €, mit Salzburger Land Card kostenlos

Sommerrodelbahn Dürrnberg

Mit 2200 m Länge ist dies die längste Sommerrodelbahn Österreichs. Zusammen mit dem Besuch der nahen Salzwelten lässt sich hier ein idealen Familientag erleben.
(E 3) Bad Dürrnberg
Tel. (062 45) 851 05
www.duerrnberg.at
Mai, Juni und Mitte Sept.-Mitte Okt. Mo-Fr 11-17, Sa, So 10.30-17, Juli-Mitte Sept. tgl. 10-18 Uhr, Erw. 8,80 €, Kinder 5,90 €

INFO SHOPPING

Dirndlträume: Bei „Lanz" kleiden sich Liebhaber der Trachtenmode ein

GESCHENKE UND SOUVENIRS

Weihnachten und Ostern übers ganze Jahr

Die Namen sind Programm: Bei „Christmas" werden Weihnachtsdevotionalien, schräg gegenüber im „Easter" Osterdekorationen angeboten. Und zwar von Januar bis Dezember. Aber auch wer gerade nichts mit dem Osterhasen oder dem Weihnachtsmann im Sinn hat – ein Blick in die originellen Geschäfte lohnt immer.

Christmas
(d 4) Judengasse 10
Tel. 84 67 84

Easter
Judengasse 13
Tel. 84 17 94
Beide Läden Mo-Sa 9-19, So 8-18 Uhr

MÄRKTE

(c 4) Grünmarkt am Universitätsplatz

Gemüse und Lebensmittel, aber auch einige Souvenir- und „Würstelstandl". Ein kleiner, authentischer Markt, der nicht von Touristen überlaufen ist. Hier kaufen überwiegend Salzburger für den Eigenbedarf ein.
Universitätsplatz
Mo-Fr 7-19, Sa 7-15 Uhr

(c 2) Schrannenmarkt am Mirabellplatz

Einer der größten und schönsten Wochenmärkte Österreichs. Umfangreiches Angebot von Lebensmitteln über Blumen bis zu Souvenirs. Heiße Würstel gibt es natürlich auch.
Do 5-13 Uhr

SPEISEN UND GETRÄNKE

Konditorei Dallmann

Soweit bekannt, war Mozart nie in St. Gilgen am Wolfgangsee und trotzdem nennt sich der Ort gern „Mozartdorf" – immerhin ist hier Wolferls Mutter geboren worden und auch seine Schwester hat hier gelebt. In der Konditorei Dallmann (am Mozartplatz und beim Mozartbrunnen) gibt es eine überaus praktische Köstlichkeit: Mozarts Reisetorte. Die dunkle Nusstorte mit Marzipan- und Schokoladenüberzug wird nach einem alten Rezept gebacken und schmeckt nicht nur köstlich – sie bleibt auch wochenlang frisch und ist so das ideale Souvenir.
(F 2) St. Gilgen
Mozartplatz 2 A, Tel. (062 27) 22 08
www.dallmann.at
Di-So 9-19 Uhr, Juli, Aug. tgl.

Sporer

Familienunternehmen, das in einem kleinen Laden große Weine und ausgezeichnete Schnäpse anbietet. Besonders lecker: Der Kräuterschnaps Sporers Hausmischung und der nach einem geheimen Rezept angesetzte Sporer Orangenpunsch.
(b 4) Getreidegasse 39
Tel. 84 54 31, www.sporer.at
Mo-Fr 9-12.30 und 14.30-19 Uhr, Sa 8.30-17 Uhr

Stiftsbäckerei St. Peter

Seit dem 12. Jahrhundert wird in der Stiftsbäckerei St. Peter Brot gebacken. Das Holzofenbrot aus reinem Natursauerteig schmeckt vorzüglich und ist mal ein etwas anderes Souvenir aus der Mozartstadt.
(c 5) St.-Peter-Bezirk
7-17.30, Sa 7-12 Uhr, Mi geschl.

Nagy & Söhne Wachswaren und Honiglebkuchen

Handgemache Kerzen für Hochzeit, Taufe und natürlich jedweden Alltagsanlass gibt es bei Nagy bereits seit 1879. Die nach alten Familienrezepten gebackenen Honiglebkuchen aus der eigenen Backstube sind die zweite Spezialität des Traditionsgeschäftes.
(e 1) Sterneckstraße 22
Tel. 87 47 40
www.nagy.at
Mo-Fr 8-18, Sa 9-12 Uhr

TRACHTEN

Markl und Salzburger Heimatwerk

Im Stadtzentrum gibt es eine ganze Reihe von Trachtengeschäften. Markl ist vor allem für seine Lederhosen bekannt. Hier hat auch Altbundespräsident Walter Scheel schon ein paar Stücke erstanden. Im Salzburger Heimatwerk kaufen viele einheimische Trachtenvereine ein, denn hier geht es nicht nur um den Verkauf, sondern auch um die Pflege alter Traditionen.
Markl **(d 4) Residenzplatz 3**
Tel. 84 26 10
www.jahn-markl.at
Mo-Fr 9.30-17, Sa 9.30-15 Uhr
Salzburger Heimatwerk
(d 4) Residenzplatz 9
Tel. 84 41 10
www.sbg.heimatwerk.at
Mo-Fr 9-18, Sa bis 17 Uhr

Gwandhaus

Nicht nur ein Trachtengeschäft, sondern eine kleine Sehenswürdigkeit ist das Gwandhaus. In einem ehemaligen Gutshof, der auch schon als Schlosshotel diente, hat der Trachtenhersteller Gössl seine Verkaufsräume, ein kleines Trachtenmuseum und ein ausgezeichnetes Restaurant untergebracht. Außerdem finden hier regelmäßig Volksmusikveranstaltungen statt, und sogar heiraten kann man im Gwandhaus.
(e 6) Morzger Straße 31
Tel. 46 96 60
www.gwandhaus.com
tgl. 10-20 Uhr

Lanz

Für den gesellschaftlichen Durchbruch der ländlichen Loden- und Trachtenmode ist Alfred Lanz hauptverantwortlich. Der Senior des Trachtenhauses bekleidete in den Dreißigern schon Hans Albers mit neuem Lodenjanker und verpasste dem thailändischen König Lederhosen. Zu den Festspielaufführungen trug Lanz selber den ersten Trachtensmoking und seine Frau ein langes Seidendirndl. So werden Trends kreiert: Seither ist die Festspielmode à la Lanz en vogue. Damen rauschen in „krachrosa" Edeldirndl daher, Männer in feschen schwarzen Hosen, grünem Trachtenjackett und befransten Tüchl. Das Modehaus Lanz ist aber keineswegs nur nobel. Für den Einsatz in Wald und Flur gibt es einen maßgeschneiderten Walkjanker und im Sommer zum Flanieren den Henndorferjanker aus Leinen.
(c 3) Schwarzstraße 4
Tel. 87 42 72
www.lanztrachten.at
Mo-Fr 9-18, Sa bis 17 Uhr

MERIAN | RÜCKBLICK

Das weiße Gold

Woher Salzburg seinen Namen hat

Was heute das Erdöl, war früher das Salz: Grundlage für wirtschaftlichen Reichtum und die politische Bedeutung einer Region. Bereits in der Bronzezeit, um **1200 v. Chr.**, kratzten Menschen **Salz** aus dem Gestein der Ostalpen. Richtig bergmännisch abgebaut wurde es am **Dürrnberg bei Hallein** im heutigen Salzburger Land schon ab **400 v. Chr.** Mit der Besetzung des Gebiets durch die Römer um **15 v. Chr.** endete diese erste Periode der Salzwirtschaft, die neuen Herren importierten aus dem Meer gewonnenes Salz.

Mehr als 1000 Jahre schlummerte das Mineral unbeachtet in den Bergen. Erst im **12. Jahrhundert** wurde auf Betreiben von **Erzbischof Adalbert III.** der Abbau des **„Weißen Goldes"** wieder aufgenommen.

Der Vergleich mit Gold oder Öl ist durchaus zutreffend. Salz war von unschätzbarem Wert. Es verlieh nicht nur den Speisen einen würzigen Geschmack, sondern war – viel wichtiger noch – als **Konservierungsmittel** für Fleisch, Fisch, Butter und Käse ohne Konkurrenz. Nur gepökelte Lebensmittel ließen sich auch über weite Strecken transportieren und zum Gewinn bringenden Handel nutzen.

Wer das **Salz** hatte, hatte **Geld und Macht**. In Salzburg waren das die **Fürsterzbischöfe**, die das Monopol auf den Salzabbau und -handel hielten und immer reicher und mächtiger wurden. Durch das Kapital wuchs auch die Stadt. Die barocke Üppigkeit Salzburgs, die wir noch heute bewundern, wäre ohne das Salz nicht finanzierbar gewesen.

Die Menschen, die das Salz in den Bergwerken abbauten, profitierten am wenigsten von dem begehrten Produkt. Eine zeitgenössische Quelle warnt denn auch den Reisenden, der nach Hallein kommt: „... kaum kann man sich durch die Menge der bettelnden Weiber und Kinder durchdrängen, die den Fremden mit Ungestüm verfolgen."

Seit Kühlschrank und Gefriertruhe in der Küche stehen, hat die Bedeutung von Salz stark abgenommen. Wie an vielen anderen Orten, wurde inzwischen auch in Hallein bei Salzburg der Salzabbau eingestellt – Ende **Juli 1989** wurde hier die letzte „Prise" gewonnen.

Bauherr des barocken Salzburg: Erzbischof Wolf Dietrich von Raitenau (1559-1617)

Ab 50 000 v. Chr. Archäologische Funde deuten auf erste Ansiedlungen hin.

Ab ca. 1800 v. Chr. Kupfer- und Bronzeproduktion, vor allem am Hochkönig, die nach ganz Europa exportiert wird.

Ab 1200 v. Chr. Beginn der Salzgewinnung, um 400 v. Chr. intensiver Salzbergbau am Dürrnberg bei Hallein.

45 n. Chr. Kaiser Claudius verleiht Juvavum, dem heutigen Salzburg, das Stadtrecht.

5. Jh. n. Chr. Die von Norden heranrückenden Ostgoten beenden die Herrschaft der Römer.

Um 696 n. Chr Der heilige Rupert, Bischof von Worms, erhält das Salzburger Gebiet als Geschenk, gründet das Kloster St. Peter und Stift Nonnberg und gilt damit auch als Gründer der Stadt Salzburg.

1077 Während des Investiturstreits wird mit dem Bau der Festung Hohensalzburg begonnen.

12. Jh. Wiederaufnahme des Salzabbaus.

1348-1349 Eine Pestepedemie wütet in der Stadt, ihr fällt rund ein Drittel der Bevölkerung zum Opfer.

1524 Paracelsus lässt sich als Arzt in Salzburg nieder.

1622 Gründung der Universität Salzburg.

17. Jh. Die Erzbischöfe Wolf Dietrich von Raitenau, Markus Sittikus von Hohenems und Paris Lodron gestalten Salzburg im Barockstil, der bis heute das Bild der Stadt prägt.

27.1.1756 Wolfgang Amadeus Mozart wird geboren.

1803 Säkularisierung. Hieronymus Graf Colloredo, der letzte Fürsterzbischof, tritt zurück, Kurfürst Ferdinand von Toskana übernimmt Salzburg.

1816 Im Zuge der Neuordnung Europas nach den Napoleonischen Kriegen wird Salzburg beim Wiener Kongress Österreich zugeordnet.

1818 Ein verheerender Brand verwüstet die Neustadt.

1860 Eröffnung der Bahnlinie von Wien über Salzburg nach München.

1880 Gründung der Stiftung Mozarteum. Das Geburtshaus Mozarts wird für Besucher geöffnet.

1918 Ausrufung der demokratischen Republik Deutsch-Österreich, 1919 Name in Republik Österreich geändert.

1920 Gründung der Salzburger Festspiele durch Max Reinhardt, Hugo von Hofmannsthal und Richard Strauss.

1935 Eröffnung der Großglockner-Hochalpenstraße.

1938 Anschluss an das Deutsche Reich.

Mai 1945 Salzburg wird kampflos den Amerikanern übergeben.

1955 Die Besetzung endet mit dem Staatsvertrag.

1960 Eröffnung des Großen Festspielhauses.

1962 Der Lehrbetrieb an der Salzburger Universität wird wieder aufgenommen.

1967 Erste Osterfestspiele auf Betreiben Herbert von Karajans.

1994 Die Mehrheit der Bevölkerung stimmt für einen EU-Beitritt.

1995 Österreich wird Mitglied der EU.

1996 Die Salzburger Altstadt wird von der UNESCO zum Weltkulturerbe erklärt.

2000 Das Seilbahnunglück am Kitzsteinhorn fordert 155 Menschenleben.

2002 Überschwemmungen richten im Salzburger Land schwere Schäden an.

2004 Erstmals seit 1945 besitzen die Sozialdemokraten im Landtag die Mehrheit. Gabi Burgstaller wird die erste Landeshauptfrau.

Salzburg
0
180 m
N
a
b
c
d
e
1
2
3
4
5
6
Freilassing
Bahnhof
Markus-Sittikus-Str.
Schwarzstr.
Rainerstr.
Raab-platz
Auerspergstr.
Haydn-str.
Paracelsusstr.
Stelzhamerstr.
Gaswerkg.
Salzachg.
Bärengasse
Müllner
Hauptstr.
Elisabethkai
Kongress-haus
Kurhaus
Kurgarten
Franz-Josef-Str.
Faberstr.
Adolf-Kolping-Platz
Hubert-Sattler-Gasse
Rupertgasse
Bayerhamerstr.
Virgilg.
Arnog.
Nagy & Söhne
Schloss Kleßheim, Casino, Pension Wallner
Augustiner-kloster Mülln
St.-Andrä-Kirche
Schrannengasse
Wolf-Dietrich-Str.
Vierthalerstr.
Schallmooser Hauptstr.
Glockengasse
Augustinerg.
Monikapforte 468
Müllner-steg
Zwergl-garten
Schloss Mirabell
Schrannen-markt
Mirabell-platz
Loreto-kirche
Lodron-
Paris-
St.-Sebastians-Friedhof
Gabriels-kapelle
Bastions-garten
Mirabell-garten
Bruder-hof
St. Sebastian
Bayer. Aussicht 573
Mönchstein 490
Schloss Mönchstein
Salzach
Zauberflöten-häuschen
Barock-museum
Dreifaltigkeitsg.
Mozarteum
Klausen-tor
Humboldt-Terrasse
Landestheater
Marionetten-theater
Makart-platz
Dreifaltig-keitsk.
Priesterhausg.
Bergstr.
Gasse
Stefan-Zweig-Villa
Kapuzinerberg
Johannes-schlössl
Ursulinen-platz
Kai
St. Markus
Haus der Natur, Salzburger Museen
Mozarts Wohnhaus
Linzer gasse
Museum der Moderne Mönchsberg
Museums-platz
Makart-steg
Café Bazar
Kapuziner-kloster
St. Johannes
Mönchsberglift
Szene Salzburg
Anton-Neumayr-Platz
Ferd.-Hanusch-Platz
Panorama-schiff
Staats-brücke
Giselakai
Steingasse
Griesgasse
Hagenauer-platz
Imbergstr.
Doktorschlössl, Gersberg Alm
Marketender-schlössl
Bürgerspital-pl.
Getreidegasse
Rathaus
Rudolfskai
St. Blasius
Spielzeug-museum
H.-v.-Karajan-Platz
Grünmarkt
Universitäts-pl.
Mozarts Geburtshaus
Café Tomaselli
Judeng.
Trakl Gedenkst.
Mozart-steg
Gisela-kai
Schloss Kleßheim, Casino
Pferde-schwemme
Alte Universität
Kollegien-kirche
Alter Markt
Waagpl.
Mozart-pl.
Großes
Hofstallgasse
Wiener Philharmonikerg.
Michaelskirche
Reichenhaller Str.
Sigmundstor
Festspiel-haus
Mus. d. Moderne Rupertinum
Residenz
Residenz-platz
Glocken-spiel
Pfeiffer-g.
Kaigasse
Seb.-Stief-Gasse
Fürstenbrunnstr.
Untersbergstraße
Hildmann-pl.
Felsen-reitschule
M.-Reinh.-Platz
Franziskaner-kirche
Dom-pl.
Dom
Marien-säule
Rudolfs-pl.
Spital der Barmh. Brüder
Kajetanerk.
Kajetaner-pl.
Neutorstr.
Flughafen, Hangar-7
C.-Holzmeister-Stg.
Toscanini-hof
Kapitel-platz
Kapitelgasse
Erzb. Palais
Krotachg.
Kaigasse
Nonnenbg.-stiege
Schanzlg.
Schwarzer Konsulat
Johann-Wolf-Str.
Rainbergstr.
Steinbruchstr.
Ernst-Sompek-Str.
Bucklreuthstr.
Karolinenhöhe 506
Erzabtei St. Peter
Friedhof St. Peter
Bierjodlg.
Festungsgasse
Herrengasse
Festungsbahn
Stift Nonnberg
Mönchsberg
Rainberg
.496
Akademisches Gymnasium
.511
Stiegl's Brauwelt
Am Rainberg
Dr.-Ludwig-Prähauser-Weg
O.-Kokoschka-Weg
Hans-Sedlmayr-Weg
Festung Hohensalzburg
Erhardkirche
Erhard-platz
Nonnbergstiege
Erhardgasse
Zugallistraße
Petersbrunnstr.
Erzabt-Klotz-Str.
Sinnhubstr.
Richterhöhe 508
Brunnhaus-gasse
Almkanal
Alm-gasse
Nonntaler
Erzb.-Gebhard-Str.
Anif, Hellbrunn, Gwandhaus, Nonnberg
Elisabeth-bühne
Leopoldskron
© MERIAN-Kartographie

Orte

LITERATUR

Merian Live **Salzburg, Salzburger Land, Doris Seitz, Wolfgang Seitz, Gräfe und Unzer Verlag 2005, 7,95 €.** Optisch und inhaltlich überzeugender Reiseführer für einige ausgefüllte Tage in Salzburg und Umgebung: prägnant, praktisch, gute Tipps.

Salzburger Land, Salzburg, Salzkammergut **Baedeker Allianz Reiseführer, Mairdumont 2004, 15,95 €.** Der ideale Reiseführer für alle, die auf Hintergrundinfos und Ausführlichkeit Wert legen.

Mozarts Salzburg **Eva Gesine Baur, Beck Verlag 2005, 16,40 €.** Kenntnisreiches und unterhaltsames Werk, mit dem sich prima auf den Spuren Mozarts durch Salzburg wandeln lässt. Nicht nur Geburts- und Wohnhaus der Mozarts, Dom und Konzertsäle begegnen dem Leser, auch das versteckte Salzburg der Gassen und Hinterhöfe im 18. Jahrhundert wird zum Leben erweckt.

Rund um Salzburg **Sepp Brandl, Bergverlag Rother 2005, 11,90 €.** 50 Wanderungen zu Almen, Seen und ins Hochgebirge in gewohnter Übersichtlichkeit mit Routenverlauf und Schwierigkeitsangabe. Außerdem viele Tipps zu lohnenden Ausflugszielen und kurzen Spaziergängen.

Salzburg und Salzkammergut **Dieter Buck, Reise Know How 2003, 10,50 €.** Praktische Hinweise und viele interessante Informationen.

Salzburg **Kurt Leininger, Karl Merkatz, Residenz 2005, 29,90 €.** Salzburg aus der Luft ist mindestens so spektakulär wie ein Bummel durch die Stadt. Sehenswerter Bildband über Salzburg aus ungewöhnlicher Perspektive, der es versteht, Nähe durch Distanz zu erzeugen.

Arnoweg **Clemens M. Hutter, Bergverlag Rother 1999, 17,90 €.** Über 1200 Kilometer Wanderstrecke, aufgeteilt in 63 Etappen, führt der Arnoweg zu den meisten Sehenswürdigkeiten des Salzburger Landes. Auch für Tages- oder Wochentouren eine gute Planungshilfe. Durch die vielen Hintergrundinformationen ist Hutters Arnoweg viel mehr als ein reiner Wanderführer.

Wandern mit Kindern, Rund um Salzburg **Guido Pinkau, Stocker 2000, 14,50 €.** 50 schöne Touren in der Umgebung Salzburgs, die zu kindgerechten Zielen führen. Aber durchaus auch für Erwachsene lohnend, die kurze und einfache Wanderungen machen möchten.

Das dichterische Werk **Georg Trakl, dtv 2001, 10 €.** Kraftvoll und düster ist das in dieser Ausgabe vollständig wiedergegebene Werk des Dichters. Durch den Abdruck aller Gedichtsfassungen bekommt man einen Eindruck von der Arbeitsweise des Frühexpressionisten.

Für sie gab es immer nur die Alm **Barbara Waß, Böhlau Wien 1994, 23,80 €.** Die Großmutter der Autorin war mehr als 50 Jahre lang Sennerin auf einer Alm. Ihre Erzählungen bildeten die Grundlage für diese detailreiche, realistische Schilderung des Lebens auf der Alm.

Salzburger Köpfe

Paracelsus (1493-1541) Theophrastus Bombastus Philippus von Hohenheim, der sich selbst Paracelsus nannte, war Arzt, Chemiker, Pharmazeut, Naturheilkundler, Philosoph und Theologe – ein Universalgenie. Rastlos wanderte er durch Europa, auch in Salzburg hat er einige Jahre gelebt, um sich fortzubilden und als Feldarzt zu arbeiten. Seine Ansichten waren zwar nicht frei von Alchimie und Mystik, doch er erkannte als erster, dass viele Krankheiten durch äußere Einflüsse entstanden und sich mit chemischen Stoffen behandeln ließen. Von ihm stammt das Postulat „Nur die Dosis macht das Gift.“ Seit 2003 gibt es die nach ihm benannte Privatuniversität in Salzburg. Sein Grab befindet sich in der Vorhalle der St.-Sebastianskirche.

Christian Doppler (1803-1853) Rast ein Rennwagen an uns vorbei, wird das Motorengeräusch genau in dem Moment tiefer, wenn der Wagen uns passiert. Wissenschaftlich könnte man diese Beobachtung folgendermaßen formulieren: „Wenn der Sender einer Welle sich im Verhältnis zum Empfänger bewegt, führt dies zu einer Verschiebung der Frequenz.“ Genau dies hat Christian Doppler getan, lange bevor es Rennwagen gab. Der nach ihm benannte „Doppler-Effekt“ gilt aber nicht nur für Schallwellen, denn alle Wellen, einschließlich des Lichts, verhalten sich so. Mit Dopplers bahnbrechender Erkenntnis war es möglich, selbst Geschwindigkeiten von weit entfernten Sternen zu messen.

Herbert von Karajan (1908-1989) Der in Salzburg geborene Dirigent erhielt zahlreiche Auszeichnungen wie die Ehrenbürgerschaft der Stadt Wien und hat der Nachwelt eine unglaubliche Anzahl von Aufnahmen hinterlassen. Schon früh zeigte sich sein Talent, mit drei Jahren bekam er Klavierunterricht und mit neun Jahren trat er das erste Mal auf. 1926 absolvierte er das Salzburger Humanistische Gymnasium und das Mozarteum erfolgreich, schon zwei Jahre später begann seine Weltkarriere als Dirigent. Sie führte ihn u. a. nach Ulm, Aachen, Mailand, Berlin, Wien, Salzburg und New York. Er war künstlerischer Leiter der Salzburger Festspiele und langjähriger Chefdirigent der Berliner Philharmoniker. Beigesetzt wurde er in Anif bei Salzburg.

Robert Jungk (1913-1994) Der Publizist und Journalist, als Robert Baum in Berlin geboren und aufgewachsen, war einer der ersten Zukunftsforscher. Nach dem Studium der Philosophie setzte er sich kritisch mit den ethischen Fragen von Wissenschaft und Technik auseinander. Sein 1952 erschienenes Buch „Die Zukunft hat schon begonnen“ wurde zum Klassiker. Er war einer der Initiatoren der internationalen Umwelt- und Friedensbewegung, Erfinder der Zukunftswerkstatt, bekam den alternativen Nobelpreis und die Ehrenbürgerschaft der Stadt Salzburg verliehen. Nur bei der Wahl zum österreichischen Bundespräsidenten scheiterte der Kandidat der Grünen.

Noch eine Musiklegende Salzburgs: von Karajan

Bürgerspitalplatz 1, 2. Stock, Tel. 84 15 91

Schweizerisches Konsulat (E 5) Alpenstraße 85 Tel. 62 25 30

UNTERWEGS IN SALZBURG

Salzburg Card
Die Salzburg Card berechtigt zu freiem Eintritt zu den meisten Sehenswürdigkeiten, beinhaltet die kostenlose Benutzung des öffentlichen Nahverkehrs, und sogar die Bootsrundfahrten auf der Salzach sind im Preis inbegriffen. Die Salzburg Card gibt es für 24, 48 oder 72 Stunden und kostet 19/22, 26/29 bzw. 32/34 Euro. Die höheren Preise gelten jeweils in der Hochsaison. Kinder bis 15 Jahre zahlen die Hälfte.

Mit dem Auto
Im Zentrum von Salzburg ist das Auto das denkbar schlechteste Fortbewegungsmittel. Die engen Gassen sind dem modernen Verkehr nicht gewachsen und deswegen gehören zumindest im Sommer lange Staus zum normalen Bild. Touristen sollten ihren Wagen am Stadtrand auf Park & Ride-Plätzen oder in einem der vielen Parkhäuser abstellen, zumal man in der Innenstadt wirklich alles bequem zu Fuß erreichen kann. Im Parkhaus Mönchsberg zahlt man für 24 Stunden eine Parkgebühr von 14 Euro.

Bootsrundfahrt
Von April bis Oktober kann man mehrmals täglich eine Rundfahrt auf der Salzach unternehmen. An Hochsaison-Wochenenden wird zusätzlich abends eine Candlelight-Dinner-Fahrt angeboten.
www.salzburgschifffahrt.at

Stadtrundfahrten und -führungen
Salzburg Panorama Tours (www.panoramatours.com) bieten mehrmals täglich Rundfahrten durch die Stadt und Fahrten in die nähere Umgebung an. Stadtführungen beginnen täglich um 12.15 Uhr an der Touristeninformation am Mozartplatz. Der eineinhalbstündige Rundgang kostet 8 Euro. Von Anfang November bis Ende März finden sonntags keinen Führungen statt.

Fiaker
Vom Standplatz am Residenzplatz kann man sich mit dem Fiaker auf eine Rundtour durch Salzburg machen. Für 20-25 Minuten Fahrt muss man mit 33 Euro rechnen.
www.fiaker-salzburg.at

UNTERWEGS IM UMLAND

Salzburger Land Card
Die Salzburger Land Card beinhaltet den Eintritt zu 180 Sehenswürdigkeiten und Ausflugszielen. Auch die Bahn fahrt zwischen Zell am See und Krimml ist mit der Salzburger Land Card kostenlos.
Die 6-Tageskarte kostet 36 Euro, die 12-Tageskarte 45 Euro. Kinder zwischen 6 und 15 Jahren zahlen 18 bzw. 23 Euro. Kinder unter 6 Jahren kommen gratis mit. Familien mit mehr als zwei Kindern zwischen 6 und 15 Jahren benötigen nur zwei Salzburger Land Cards.

TSCHECHISCHE REPUBLIK
Baden-
Stuttgart
Bayern
DEUTSCHLAND
München
Württem-
berg
Ober-
Linz
österreich
Nieder-
St. Pölten
Wien
österreich
SLOWAKEI
Eisenstadt
Salzburg
Burgen-
land
Bregenz
Innsbruck
Vor-
arl-
berg
Tirol
Salzburg
Steiermark
Ost-
tirol
Kärnten
Klagenfurt
Graz
UNGARN
SCHWEIZ
ITALIEN
SLOWENIEN
KROATIEN
Autobahn
Autobahnähnliche Straße
Fernverkehrsstraße
Hauptstraße
Nebenstraße
Fahrweg
Bundeslandgrenze
Schloss, Burg
Kirche; Kloster
Höhle
Flughafen; Flugplatz
Nationalparkgrenze
Almhütte
Golfplatz
© MERIAN-Kartographie
0
12 km
N
A
B
C
D
E
Chiemsee
Traunstein
Traunreut
Waging am See
Tachinger See
Waginger See
Abtsdorfer See
Laufen
Stille-Nacht-Kapelle
Oberndorf bei Salzburg
Teisendorf
Freilassing
Schloss Kleßheim
Wals-Siezenheim
Salzburg Airport W.A.Mozart
Schloss Herrenchiemsee
Bernau am Chiemsee
Grassau
Ruhpolding
Inzell
Bad Reichenhall
Hochstaufen 1753
Salzburger Freilicht-museum
Chiemgauer Alpen
Untersberg
Berchtesgaden
Reiter Alpen
Nationalpark Berchtesgaden
Watzmann 2713
Königssee
Bayerische Alpen
Kiefersfelden
Kufstein
Festung Geroldseck
Schloss Wagrain
Zahmer Kaiser
Wilder Kaiser
Hintersteiner See
Wörgl
Schloss Itter
Hopfgarten i. Brixental
Sankt Johann in Tirol
Kitzbühel
Schloss Kaps
Hahnenkamm 1712
Loferer Steinberge
Leoganger Steinberge
Steinernes Meer
Salzburger Kalkalpen
Saalfelden
Schloss Kammer
Dientener Berge
Zell am See
Zeller See
Schmittenhöhe 1965
Sonnkogel 1856
Geißstein 2362
Kitzbüheler Alpen
Mittersill
Schloss Einödberg
Gerlos-Pass (1507)
Wasserfälle
Schaubergwerk Hochfeld
Hohe Tauern
Venediger-gruppe
Großvenediger 3666
Nationalpark Hohe Tauern
Zillertaler Alpen
Dreiherrenspitze 3499
Krimmler Tauernhaus
Schlieferspitze 3289
Hoher Herd 2824
Felbertauern-tunnel
Kesselfall Alpenhaus
Sigmund-Thun-Klamm
Kitzsteinhorn 3202
Erlebniswelt Gletschereis
Glockner-gruppe
Großes Wiesbachhorn 3564
Johannisberg 3453
Großglockner 3798
Franz-Josefs-Haus
Hochalpenstraße
Edelweißspitze 2577
Goldberg-gruppe
Hocharn 3254
Kendlspitze 3085
Schloss Weißenstein
Matrei in Osttirol
Ahrntal

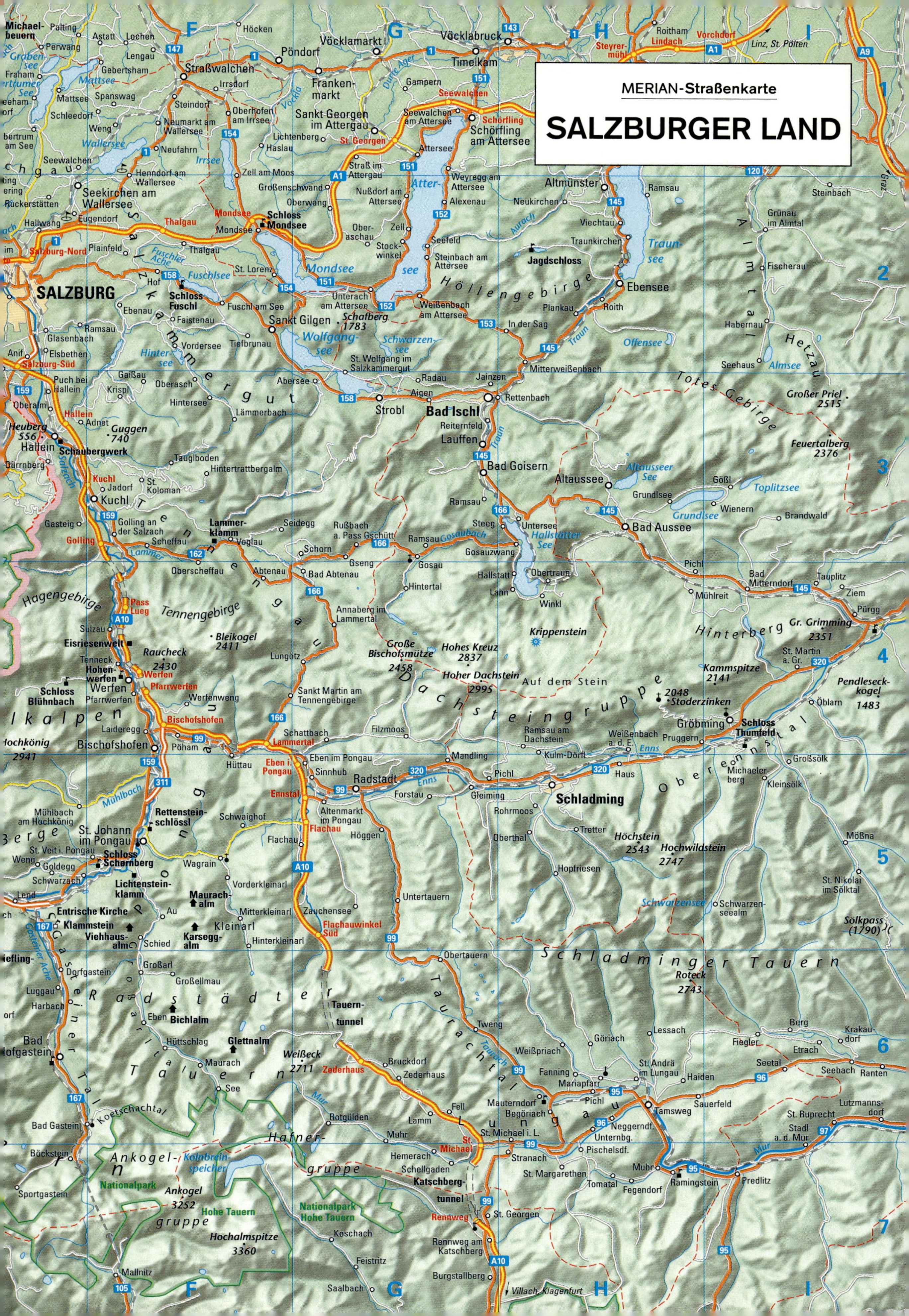
MERIAN-Straßenkarte
SALZBURGER LAND
Vöcklamarkt
Vöcklabruck
Timelkam
Pöndorf
Straßwalchen
Frankenmarkt
Sankt Georgen im Attergau
Seewalchen am Attersee
Schörfling am Attersee
Attersee
Mondsee
Schloss Mondsee
Seekirchen am Wallersee
Eugendorf
Thalgau
SALZBURG
Salzburg-Nord
Salzburg-Süd
Fuschl am See
Sankt Gilgen
Schafberg 1783
Wolfgangsee
St. Wolfgang im Salzkammergut
Strobl
Bad Ischl
Altmünster
Traunkirchen
Traunsee
Ebensee
Jagdschloss
Höllengebirge
Steinbach am Attersee
Weißenbach am Attersee
Mitterweißenbach
Lauffen
Bad Goisern
Altaussee
Bad Aussee
Grundlsee
Toplitzsee
Totes Gebirge
Großer Priel 2515
Feuertalberg 2376
Hallein
Kuchl
Golling
Pass Lueg
Hagengebirge
Tennengebirge
Bleikogel 2411
Raucheck 2430
Eisriesenwelt
Werfen
Pfarrwerfen
Bischofshofen
Hochkönig 2941
Abtenau
Annaberg im Lammertal
Große Bischofsmütze 2458
Hohes Kreuz 2837
Hoher Dachstein 2995
Dachsteingruppe
Krippenstein
Hallstatt
Hallstätter See
Obertraun
Gosau
Auf dem Stein
Stoderzinken 2048
Gröbming
Schloss Thumfeld
Kammspitze 2141
Gr. Grimming 2351
Pendleseckkogel 1483
Bad Mitterndorf
Radstadt
Eben i. Pongau
Flachau
Altenmarkt im Pongau
Schladming
Ramsau am Dachstein
Höchstein 2543
Hochwildstein 2747
St. Johann im Pongau
Schloss Schernberg
Wagrain
Rettensteinschlössl
Lichtensteinklamm
Kleinarl
Flachauwinkel Süd
Untertauern
Obertauern
Schladminger Tauern
Roteck 2743
Sölkpass (1790)
Radstädter Tauern
Bichlalm
Glettnalm
Weißeck 2711
Tauerntunnel
Zederhaus
Bad Hofgastein
Bad Gastein
Böckstein
Ankogelgruppe
Ankogel 3252
Hochalmspitze 3360
Nationalpark Hohe Tauern
Hafnergruppe
Kölnbreinspeicher
Katschbergtunnel
St. Michael
Mauterndorf
Mariapfarr
St. Andrä im Lungau
Tamsweg
Ramingstein
Predlitz
Murau
Rennweg
Mallnitz
Villach, Klagenfurt
Linz, St. Pölten
Graz

Daten

Salzburger Land
Einwohner 526 000
Fläche 7154 km^2
Gliederung „Statuarstadt" Salzburg-Stadt und fünf Bezirke (entsprechen deutschen Landkreisen): Salzburg-Umgebung (Flachgau), Hallein (Tennengau), St. Johann im Pongau (Pongau), Zell am See (Pinzgau), Tamsweg (Lungau) mit 119 Gemeinden
Politik Regierende Parteien im Bundesland Salzburg sind die sozialdemokratische SPÖ und die konservative ÖVP. Sitzverteilung im Landtag: SPÖ 17, ÖVP 14, FPÖ 3, Grüne 2
Religion ca. 80 % Katholiken, 4 % Protestanten
Wirtschaft Die Gewinnung von Bodenschätzen (Gold, Silber, Kupfer, Eisenerz und Salz) wurde im 20. Jh. eingestellt. Die Wirtschaftsstruktur ist stark vom Dienstleistungsbereich geprägt: Handel, Beherbergungswesen und Gastronomie, Verkehr und Kommunikation. Produktionssektor: Nahrungs- und Genussmittel, Holzbearbeitung, moderne Technologien
Landwirtschaft 83 % der land- und forstwirtschaftlichen Flächen sind Wald, Wiesen, Weiden und Almen. Milchwirtschaft, Rinder-, Pferde- und Schafzucht. Nur ein Prozent der Bodenfläche ist Ackerland.
Höchste Erhebung
Großvenediger 3666 Meter
Längster Fluss
Salzach 225 km (im Bundesland)
Größter See Wolfgangsee
Salzburg
Hauptstadt des gleichnamigen Bundeslandes. Seit 1996 ist die Altstadt Weltkulturerbe der UNESCO
Einwohner 149 000
Studenten 12 000
Fläche 66 km^2
Jährliche Besucher 1,02 Mio.
Zahl der Übernachtungen/Jahr
1,7 Mio., Anteil der deutschen Touristen: 17,9 %

WETTER UND REISEZEIT

Salzburg ist nicht gerade als Gut-Wetter-Destination bekannt, und nicht umsonst der Salzburger Schnürlregen über die Landesgrenzen hinaus ein Begriff. Der Grund für die Niederschläge: Die von Westen und Nordwesten heranziehenden feuchten Luftmassen stauen sich am Gebirge und regnen dort ab.
Trotzdem ist das Salzburger Wetter viel besser als sein Ruf. Die Stadt hat bei weitem nicht die höchsten Niederschlagsmengen Österreichs. Als Reisezeit sind die Monate Mai, September und Oktober günstig. Besonders im Herbst ist das Wetter recht stabil, vor allem aber entgeht man in der Nebensaison den allergrößten Touristenströmen. Während der Festspielsaison sollte nur die Stadt besuchen, wer die Veranstaltungen und das Flair der Festspiele erleben will. Die Hotels sind dann ausgebucht und in den Restaurants bekommt man ohne Vorausbuchung fast nirgendwo einen Platz.

AUSKUNFT

Salzburg Information
Auerspergstraße 6
5020 Salzburg, Tel. (06 62) 88 98 70, Fax 889 87 32
tourist@salzburg-info
www.salzburg.info

Informationsstellen in Salzburg
(d 4) Mozartplatz 5
Hauptbahnhof, Bahnsteig 2a
Münchener Bundesstraße 1
(Ostern-September)

Salzburger Land
Postfach 1, 5300 Hallwang
Tel. (06 62) 66 88 44
Fax 66 88 66
info@salzburgerland.com
www.salzburgerland.com

Österreich Werbung
Postfach 83, 1043 Wien
Tel. 018 02/10 18 18
(von Deutschland zum Ortstarif)
Fax 018 02/10 18 19
urlaub@austria.info
www.austria.info

ANREISE

Auto
Von Deutschland erreicht man Salzburg über die Autobahn A8 von München oder die Bundesstrasse via Bad Reichenhall oder Freilassing.

Geniales Doppel: Mit der **MERIAN scout Navigations-CD „Alpen 2006 DX" (für alle Blaupunkt TravelPilot DX-Systeme) und dem Buch-Reiseführer „Winterurlaub in den Alpen"** sind Sie perfekt ausgerüstet für Ihren Urlaub in den Bergen. Das Doppelpack kostet 199 Euro und ist zu bestellen über **www.merian.de** oder telefonisch unter **(01 80) 532 53 35** (12 Cent/Minute).

Bahn
Salzburg ist von allen deutschen Großstädten direkt bzw. mit Umsteigen in München zu erreichen. Autozugverbindungen bestehen von Düsseldorf, Berlin/Wannsee, Hildesheim und Hamburg.

Flug
Mit Billigfluggesellschaften ist auch Salzburg sehr preisgünstig zu erreichen. Hapag-Lloyd Express (www.hlx.com) fliegt ab Hamburg, Hannover, Köln/Bonn und Berlin/Tegel. Niki (www-flyniki.com) fliegt von Nürnberg. In Kooperation mit Austrian Airlines bietet die Lufthansa über ihr Drehkreuz Frankfurt Flüge von fast allen deutschen Flughäfen an.
Die Buslinie 2 verbindet den Wolfgang Amadeus Mozart Airport in Salzburg mit dem Hauptbahnhof. Von dort bestehen Anschlüsse ins Zentrum und in die Altstadt.
Die Taxifahrt ins Zentrum kostet 10-12 Euro.
www.salzburg-airport.com.

ALLGEMEINE INFORMATIONEN

Behinderte
Die Salzburg Information hat einen speziellen Stadtführer für Behinderte herausgegeben. „Salzburg-Barrierefrei erleben", erhält man kostenlos an allen Infostellen oder per Post.

MERIAN-ORBIT
Imposant auch aus der Luft: Gut zu erkennen sind die Alpen – dort, wo das Land Falten zu werfen scheint und die riesigen Gletscher und Schneegebiete wie Puderzucker auf Salzburger Nockerln wirken. Auch das Stadtgebiet von Salzburg und die blauen Seen im Salzkammergut fallen ins Auge

Telefonvorwahl
Internationale Vorwahl für Österreich: 0043
Vorwahl für Salzburg: 0662
Vorwahl Salzburger Land: Die jeweiligen Vorwahlnummern sind im Infoteil angegeben.

Notrufnummern und wichtige Telefonnummern
Ärztl. Bereitschaftsdienst 141
Feuerwehr 122
Polizei 133
Rettungsdienst 144
ÖAMTC Pannenhilfe
Abschleppdienst 120
Flughafen 85 80 0
Bahnhof 93 00 00

Konsulate
Generalkonsulat der Bundesrepublik Deutschland (b 3/4)

FEIERTAGE

1. Januar, 6. Januar, Ostermontag, 1. Mai, Christi Himmelfahrt, Pfingstmontag, Fronleichnam, 15. August (Mariä Himmelfahrt), 26. Oktober (Nationalfeiertag), 1. November (Allerheiligen), 8. Dezember (Mariä Empfängnis), 25. und 26. Dezember

EVENTS

In Salzburg

Die wichtigsten Termine des Salzburger Mozartjahres 2006 finden Sie in dem herausnehmbaren MERIAN-Faltplan, vorn im Heft (S. 3).

Ende Januar-Anfang Februar: Mozartwoche **(nicht nur im Mozart-Jubiläumsjahr 2006, sondern jährlich).**
Eine Woche ganz im Zeichen des großen Musikers. Opernaufführungen und Konzerte, oft werden auch Ausstellungen gezeigt.
www.mozarteum.at

Anfang Februar: Aspekte Salzburg
Internationales Festival zeitgenössischer Musik auf höchstem Niveau.
www.aspekte-salzburg.at

Mitte April: Osterfestspiele
Seit 1967 präsentieren sich die Berliner Philharmoniker im Rahmen der von Herbert von Karajan ins Leben gerufenen Osterfestspiele.
www.osterfestspiele-salzburg.at

Anfang Juni: Pfingsten und Barock
Festival der Barockmusik, häufig stehen Werke von Johann Sebastian Bach im Mittelpunkt der Veranstaltung.
www.salzburgfestival.at

Ende Juni bis Mitte Juli: Sommer Szene
Festival für zeitgenössische Tanz- und Performancekunst.
www.sommerszene.net

Ende Juli bis Ende August: Festspiele
Die großen Werke Mozarts im Festspielhaus genießen, oder den „Jedermann" auf dem Domplatz ansehen. Wer hier dabei sein will, muss sowohl die Eintrittskarten als auch die Übernachtung frühzeitig buchen.
www.salzburgfestival.at

Mitte September: Internationales Stiegl Swing Festival
Von der gleichnamigen Brauerei ins Leben gerufenes Swing- und Dixielandfestival.
http://members.aon.at/swing festival, www.brauwelt.at

Ende September: Rupertikirtag
Kirchweihfest auf dem Domplatz.
www.salzburg-altstadt.at

Mitte Oktober: Kulturtage
1972 ins Leben gerufen, bieten die Kulturtage jedes Jahr im Herbst Opern, Konzerte und Ballettaufführungen.
www.salzburg.com/kulturvereinigung

Ende Oktober bis Anfang November: Jazzherbst
Stelldichein der Elite der österreichischen Jazzmusiker, dazu auch viele Weltstars.
www.viennaentertainment.com/d-jazz-herbst.html

Ende November bis Mitte Dezember: Adventsingen
Weihnachtliche Musik im Festspielhaus.
www.salzburgeradventsingen.at

Ende November bis Ende Dezember: Weihnachtsmärkte
Salzburg ist für seine malerischen Weihnachtsmärkte bekannt. Die wichtigsten finden in der Altstadt am Dom und auf dem Residenzplatz, am Schloss Mirabell, im Innenhof der Festung Hohensalzburg und am Schloss Hellbrunn statt. Daneben gibt es noch viele kleinere, wie beispielsweise auf der Dachterrasse des Hotel Stein mit grandioser Aussicht über die Stadt.

Im Salzburger Land

Mitte Juni bis Anfang September: Diabelli Sommer Mattsee
Musik und Tanz der Biedermeierzeit im Schloss und der Stiftskirche von Mattsee zur Erinnerung an den Komponisten Anton Diabelli.
www.diabellisommer.at

Ende August bis Ende Oktober: Bauernherbst
Bunte Erntefeiern in zahlreichen Dörfern des Salzburger Landes. Kulinarische Köstlichkeiten, Musik, Tanz, Umzüge und vieles mehr.
www.bauernherbst.com

Ende November bis Mitte Dezember: Wolfgangseer Advent
Stimmungsvolle Weihnachtsmärkte in St. Wolfgang, St. Gilgen und Strobl. Wahrzeichen ist die große, auf dem See schwimmende Friedenslicht-Laterne.
www.wolfgangseer-advent.at

König der Lüfte mit Killerinstinkt: Steinadler werden im Altai zur Jagd auf Hasen, Füchse, Wölfe abgerichtet

Helden in knappen Höschen: Fight der Ringer beim Naadam

Berauschendes Bergpanorama: Hochsteppe im Nationalpark Terelj

Die Mongolei ist das Land des weiten Horizonts, der unendlichen Steppe. Mit Nomaden, die wie zu Dschingis Khans Zeiten leben. Die Hauptstadt aber ist längst in der Moderne angekommen

- Dschingis Khan: Auf den Spuren der nationalen Ikone
- Adlerjagd: Archaischer Sport der kasachischen Minderheit
- Hauptstadt Ulan Bator: Schön verrückt, verrückt schön
- Zu Pferd durchs Land: Reisen ist Reiten, Reiten, Reiten
- Naadam-Fest: Olympiade der mongolischen Männer
- Schamanenkult: Revival der Meister der Seelen

Zuletzt erschienen:

Januar 2006

Dezember 2005

November 2005

Oktober 2005

September 2005

August 2005